本书获得2010年国家教育部、财政部第六批高等学校特色专业建设项目（项目编号：TS12367）和广东省教育科学“十二五”规划项目（项目编号：2011TJK259）资助

中学生物学知识与能力拓展系列

中学生物学教学案例与评析

ZHONGXUE SHENGWUXUE JIAOXUE ANLI YU PINGXI

主　编 ◎ 唐为萍　陈树思
副主编 ◎ 朱秋容　陈立宣

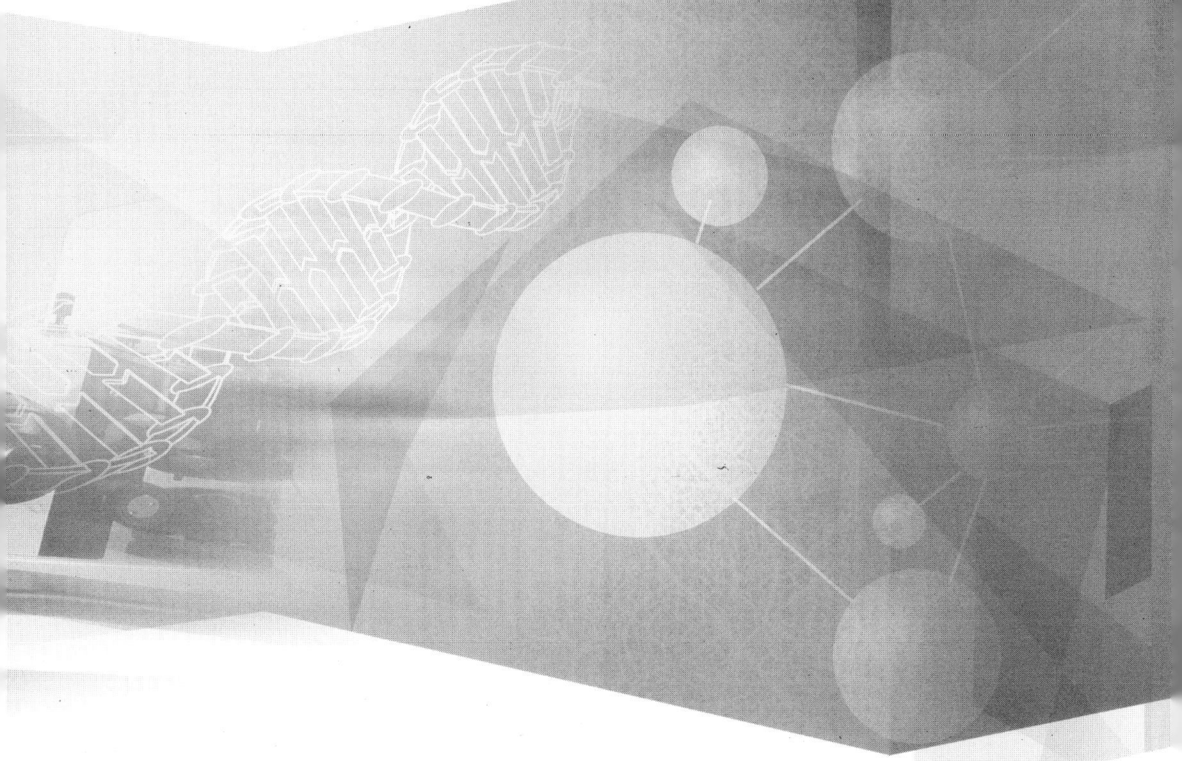

暨南大学出版社
JINAN UNIVERSITY PRESS
中国 · 广州

图书在版编目（CIP）数据

中学生物学教学案例与评析 / 唐为萍，陈树思主编；朱秋容，陈立宣副主编 .—广州：暨南大学出版社，2015.1

（中学生物学知识与能力拓展系列）

ISBN 978 – 7 – 5668 – 1130 – 1

Ⅰ. ① 中…　Ⅱ. ① 唐…② 陈…③ 朱…④ 陈…　Ⅲ. ① 生物课—教学研究—中学　Ⅳ. ① G633.912

中国版本图书馆 CIP 数据核字（2014）第 192210 号

出版发行：暨南大学出版社

地　址：中国广州暨南大学
电　话：总编室（8620）85221601
　　　　营销部（8620）85225284　85228291　85228292（邮购）
传　真：（8620）85221583（办公室）　85223774（营销部）
邮　编：510630
网　址：http://www.jnupress.com　http://press.jnu.edu.cn

排　版：广州联图广告有限公司
印　刷：湛江日报社印刷厂

开　本：787mm × 1092mm　1/16
印　张：12.25
字　数：250 千
版　次：2015 年 1 月第 1 版
印　次：2015 年 1 月第 1 次

定　价：29.80 元

前　言
PREFACE

经过近三年的反复酝酿、思考与伏案写作，《中学生物学教学案例与评析》一书终于完成了。编写本书是因为韩山师范学院生物学系生物科学专业获得了2010年国家教育部、财政部第六批高等学校特色专业建设项目（项目编号：TS12367）和广东省教育科学“十二五”规划项目（生物科学专业全程教育实践模式探索与研究，项目编号：2011TJK259）。在这样的背景下，再结合当前中学生物学教学的要求和现状，笔者开始了本书的写作历程。本书的出版也得到了上述两个项目的资助。

教学案例是对含有疑难问题和实际情境的真实且典型的教学实践过程的描述。中学生物学教师在日常的教学实践活动中会碰到大量的实际问题，为解决这些问题，教师也会自觉或不自觉地进行大量的教学研究和探讨，因此会积累很多经验，其中不乏典型事例。本书中的教学案例均来自教学一线的优秀中学教师，是宝贵的第一手资料，可读性强，贴近教师工作，与教师有天然的联系。

本书分为上下两编，共20个教学案例。上编为“义务教育阶段　生物学教学案例与评析”，下编为“高中阶段　生物学教学案例与评析”。每个案例均按如下体例撰写：①案例背景；②教学过程；③案例评析；④教学反思与建议；⑤课标在线；⑥活动与检测；⑦课外阅读与拓展。本书主要适用于大、中学生物学教师、生物科学本科专业师范生和生物教育学专业硕士生，既可以作为教材、培训材料，也可以作为课外阅读资源。

教学是人类特有的人才培养活动，需要教师有目的、有计划、有组织地引导学生积极自觉学习。因此，师范院校的毕业生要想将从书本上或课堂教学中获得的知识运用到实际教学工作中，需要一个相当长的适应过程。希望本书能对广大读者有所帮助，能使生物学新教师了解各种教学环境下的生物学课堂，并能为新教师迈入优秀教师行列提供借鉴。

本书上编的“义务教育阶段生物学教学案例”全部由潮州市高级实验学校朱

秋容老师提供。下编的“高中阶段生物学教学案例”，除案例3“从多个侧面评价学生的探究能力——‘探究植物细胞的吸水和失水’案例分析”由普宁英才华侨中学的章少冲老师提供外，其余九个教学案例均由潮州市绵德中学陈立宣老师提供。华中师范大学生命科学学院研究生李文娟、郑逸爽，韩山师范学院生物学系学生吴乐榕、赖燕芬、曾丽燕、夏晓嘉、陈青霞、陈柔璇等参与了本书的资料搜集和整理等工作。笔者的领导和同事马瑞君、陈丹生、杨胜远、郭守军、查广才、张振霞、邢树文、庄哲煌、刘志聪等在本书的编写过程中给予了莫大的鼓励和支持。此外，特别提及2010级生物科学的学生们，他们在本书初稿完成后进行了试用，并提出了许多宝贵意见，在此一并表示感谢。

由于笔者的理论水平和实践经验有限，书中难免会有缺点甚至错误，敬请各位专家、学者、师生批评指正。

唐为萍

2014年8月于潮州

目　录
CONTENTS

上编

义务教育阶段

生物学教学案例与评析

案例 1 学科交融，数学方法应用于生物探究

——“生物对环境的适应和影响”案例分析

一 案例背景

本节课是人教版生物学七年级上册第一单元第二章第三节“生物对环境的适应和影响”的教学内容，包括两部分：生物对环境的适应；生物对环境的影响。前面一节讲的是环境对生物的影响，本节内容很自然地就过渡到了生物对环境的适应和影响。另外，通过本节知识的学习，学生要树立“生物与环境是一个不可分割的整体”的观点，为下节课“生态系统”的学习做好铺垫，起到承上启下的作用。本节课与生活实际联系密切，如本地区的气候特征、学校周围环境、校园植被的调查等都是本节课应开发的课程资源。

七年级学生年龄较小，大脑兴奋中心容易疲劳，注意力集中的时间较短，需要教师在教学活动中针对不同的教学内容不断变换教学方式，给予学生新的刺激，以集中其注意力。在前一章，学生学习了生物的特征，而这节课学生将首次涉足探究性实验，对本节内容了解不够，如条形图、折线图等统计数据的方法，学生在小学虽有所接触，但运用得少，干湿计更是从没接触过，但大部分学生都有室内养花等经验。

【教学目标】

（一）知识目标

描述生物对环境的适应和影响，学会多角度观察和分析“生物对环境的适应和影响”。

（二）能力目标

尝试收集和处理数据的多种方法，锻炼学生收集和处理数据的能力。

（三）情感目标

（1）关注生物与环境的关系，渗透环保意识；

（2）认同生物的形态、结构、生活方式与环境相适应的观点。

【教学重难点】

（一）教学重点

（1）生物对环境的适应和影响；

（2）收集和处理数据的多种方法。

（二）教学难点

（1）收集和处理数据的多种方法；

（2）生物的形态、结构、生活方式与环境是如何相适应的。

二 教学过程

教学过程

教学内容	教师活动	学生活动
新课导入	教师启发学生用身边的实例来说明环境和生物之间的密切联系，从而进入第三节“生物对环境的适应和影响”的学习。	①学生回忆上节课的学习内容，复习影响生物生存的生物因素和非生物因素； ②学生根据自己的知识经验，用实例描述影响生物生活的各种环境因素。
生物对环境的适应	播放视频“生物对环境的适应”，分别出示：①沙漠中的骆驼；②沙漠中的骆驼刺；③寒冷海域中的海豹；④旗形树的树冠——四张图片，引导学生分析每一种生物的形态结构特点和生活方式特点，并展开讨论。 引导学生找到生物适应环境的其他例子。 播放配有解说的影像片： 影像镜头 1：鸟类骨骼质薄，有的中空，适于空中飞翔； 影像镜头 2：乌贼的墨囊有利于它逃避敌害； 影像镜头 3：猫头鹰的利爪有利于捕猎食物；	学生根据图片说出骆驼、骆驼刺、海豹和旗形树的形态结构以及生活方式与其生活环境的关系。 学生根据自己的知识储备说出其他生物与环境相适应的典型实例。 认真观看录像。

（续上表）

教学内容	教师活动	学生活动
生物对环境的适应	影像镜头 4：含羞草的叶与多暴雨的环境相适应； 影像镜头 5：尺蠖的拟态。 教师启发：生物的生存环境和竞争是非常残酷的，或风吹雨打、天寒地冻，或被抓捕，或饥肠辘辘，只有适应环境才能生存下来。所以说，生物对环境的适应是具有普遍性的，适应的形成是自然选择的结果。其实生物在适应环境的过程中也在影响着环境。	
探究活动的讲解	提出问题：为什么我们要选择裸地、草地和茂密的灌丛这三种环境测量空气的湿度？ 引导学生汇报课前测量植物对空气湿度的影响的结果，并展示他们测量结果的坐标曲线图，交流讨论。 教师对探究报告给予评价，让学生进一步掌握科学探究的一般方法。	拿出课下测量、处理的数据，在课堂上进行交流，得出实验结论。 展示测量结果的坐标曲线图，讨论比较后，用科学探究的方法验证了生物对环境的影响。
生物对环境的影响	出示教材第 21 页的两张图片，引导学生讨论分析图片，然后思考下列问题： （1）“地下的耕耘者”是指哪种动物？它对自然界有什么益处？ （2）为什么我国开发西部要强调退耕还林和还草？ 启发学生举出生物对环境影响的更多例子，抓住时机对学生进行环保教育。	观察教材图片并讨论问题。 学生举例。
技能训练	阅读教材的技能训练，观察猫和兔的双眼长在头部的什么位置。 引导学生联系生活经验谈谈眼睛的位置与它们的生活方式有无关系。	学生讨论后回答。 根据自身生活经验得出结论。
课堂小结	小结本节课的主要内容。	回顾本节所学知识。
巩固练习及布置作业	出示练习题，要求学生完成实验报告册。	完成作业。

三 案例评析

（一）创设问题情境，引出课题

【镜头回放】

※ 新课导入 ※

教师：能根据自己的理解，举一种生活中我们熟悉的生物，说说它的生存都受哪些环境因素的影响吗？

学生联系生活思考并回答，说出自己家中养的花，要受到阳光、空气、水、土壤以及其他生物的影响等。

教师：生物离不开它生存的环境，那么当环境发生变化时，生物又是如何面对的呢？生物会产生什么样的反应呢？（由此引出新课——第三节“生物对环境的适应和影响”）

【设计意图】

用学生身边的实例引入新课，通过设疑调动学生的好奇心，激发学生的学习兴趣。

【品析小结】

学生身边存在着各种各样的生物，每种生物都有自己的生存环境。学生根据自己的知识经验，用实例描述影响生物生活的各种环境因素，并与教师共同探讨这些影响因素，这有利于培养学生关爱身边生物和生命的情感。

（二）视频导学，引发学生思考，结合身边实例，了解生物对环境的适应

【镜头回放】

※ 生物对环境的适应 ※

教师播放视频“生物对环境的适应”，分别出示：①沙漠中的骆驼；②沙漠中的骆驼刺；③寒冷海域中的海豹；④旗形树的树冠——四张图片，引导学生分析每一种生物的形态结构特点和生活方式特点，并展开讨论。

学生根据图片说出骆驼、骆驼刺、海豹和旗形树的形态结构以及生活方式与

其生活环境的关系。学生讨论如下：

图片①：沙漠炎热缺水，骆驼和别的动物不一样，它高高的驼峰储藏着大量的脂肪，当它又渴又饿的时候，脂肪会慢慢分解，变成它需要的营养和水分；骆驼平时不出汗，只有体温达到46 ℃时才会出汗；骆驼平时一次能喝下100多升水，而每天排出的尿不到一升，以此来保持体内的水分，即使在沙漠上行走一个月也不会感觉渴：这些特点是动物对干旱环境的适应。

图片②：沙漠地区降雨量少，能生长植物是因为它生活的区域有地下水源，骆驼刺的根非常长，而且比地上部分长很多，因而骆驼刺在荒漠中也能得到水：这是植物对干旱环境的适应。

图片③：海豹是哺乳动物，在寒冷的海域生活，要保持体温就得有件“厚衣服”，海豹的皮下脂肪非常厚，可以达到60毫米：这是动物对寒冷环境的适应。

图片④：长期受一侧风向的作用使得树冠的形态改变，旗形树的枝条也因此偏向一侧，看起来像一面旗帜，故得名旗形树：这是树对风的适应。

教师：（对学生的分析进行评价和补充）生物在多变的环境条件中会表现出多种多样的适应性。这种适应是生物在漫长的年代中，不断和环境磨合，自身不断进化以至生存所产生的适应，也即它现在的形态结构和生活方式。（同时引导学生找到生物适应环境的其他例子。）

学生根据自己的知识储备说出其他生物与环境相适应的例子。如动物的警戒色、壁虎的“苦肉计”、长颈鹿的颈、刺猬的刺、雪莲花的叶、沙漠植物仙人掌等。

教师播放配有解说的影像片。

影像镜头1：鸟类骨骼质薄，有的中空，适于空中飞翔；

影像镜头2：乌贼的墨囊有利于它逃避敌害；

影像镜头3：猫头鹰的利爪有利于捕猎食物；

影像镜头4：含羞草的叶与多暴雨的环境相适应；

影像镜头5：尺蠖的拟态。

学生认真观看录像，了解各种生物的生存及其对环境的适应。

教师：生物的生存环境和竞争是非常残酷的，或风吹雨打、天寒地冻，或被抓捕，或饥肠辘辘，只有适应环境才能生存下来。所以说，生物对环境的适应是具有普遍性的，适应的形成是自然选择的结果。其实生物在适应环境的过程中也影响着环境。

【设计意图】

学生带着问题观看视频，自主思考与探究，解决问题。教师根据学生的回答，给予适当的评价和补充，引导学生通过观察和回忆，结合身边的实例，进行充分的交流，得出“生物的形态、结构、生活方式与环境相适应”的观点。

【品析小结】

在学生讨论交流的基础上，教师适时引导学生正确分析生物的生存环境。在学生观看视频和分析生物对环境的影响之后，及时引导学生得出“生物对环境的适应是普遍存在的，同时生物在适应环境的过程中也在影响着环境”的结论。整个教学环节充分体现了学生的主体地位，同时很好地突出了教学重点。

（三）精心准备，引导学生用数学方法进行生物活动探究，体验生物对环境的影响

【镜头回放】

※ 探究活动的讲解 ※

教师：为什么我们要选择裸地、草地和茂密的灌丛这三种环境测量空气的湿度？

学生：第一，因为这三种环境里的植物的种类、数量不一样；第二，用不同的环境可以作对比。

教师：分析得很对，如果在不同植被环境、同一时间测量的湿度结果不一样，就说明植物影响环境，是不是？现在请各个小组汇报一下你们测量的结果。

学生：（第一小组：测量时间为早上）裸地、草地、灌丛——灌丛的湿度最大。

（第二小组：测量时间为中午）裸地、草地、灌丛——灌丛的湿度最大。

（第三小组：测量时间为晚上）裸地、草地、灌丛——灌丛的湿度最大。

教师：如果在同一个地方测量，不同的时间，它的湿度是不是一样的呢？

学生：（第四小组）也不一样，早上湿度最大，中午湿度最小。湿度最大的地方是早上的灌丛。

学生展示他们测量结果的坐标曲线图，讨论比较后，用科学探究的方法验证生物对环境的影响。

教师：同学们这次合作得非常好，而且还能对你们的测量数据进行分析处理，通过这样的探究活动，你们不但亲身验证了生物可以影响环境这一结论，更重要的是我们掌握了科学探究的方法。

【设计意图】

引导学生学会应用数学方法进行生物活动探究，明白学科之间是交叉融合的。在人人参与的过程中，充分发挥学生的动手能力、独立思考与分析问题的能力，培养学生的合作精神，让学生亲身体验生物也可以影响环境。

【品析小结】

引导学生用科学的方法进行探究活动，教师应在课前进行充分准备，活动中还应适时引导。最后要给予准确评价，让学生在掌握科学探究的一般方法的同时提高自身的能力，达成技能目标。

（四）直观教学，引导学生认同生物对环境的影响，渗透情感教育

【镜头回放】

※ 生物对环境的影响 ※

教师出示教材第 21 页的两张图片，引导学生讨论分析图片，然后思考下列问题：

（1）“地下的耕耘者”是指哪种动物？它对自然界有什么益处？

（2）为什么我国开发西部要强调退耕还林和还草？

学生观察图片并思考讨论问题。

教师启发学生举出生物对环境影响的更多例子，抓住时机对学生进行环保教育。

学生举例。（略）

【设计意图】

展示教材图片，引导学生分析并回答问题。结合身边的例子，了解生物对环境的影响，同时对学生进行环保教育。

【品析小结】

通过直观教学，学生分析图片思考并回答问题，得出结论。在一问一答之间，学生自然而然地就会认同生物对环境的影响，同时也培养了学生的环保意识，很好地达成了情感目标。

（五）总结升华，学以致用

【镜头回放】

※ 技能训练 ※

教师：阅读教材的技能训练，观察猫和兔的双眼长在头部的什么位置。（引导学生联系生活经验谈谈眼睛的位置与它们的生活方式有无关系。）

学生：（讨论后回答）兔子的双眼长在两侧，视觉范围大些，便于发现周围敌害，及时逃避敌害。猫的双眼长在前方，利于捕食。它们双眼的形态与生活方式有关。

教师：生物的生活受环境的影响，生物能适应环境并能影响、改变环境，它们是一个相互作用、不可分割的统一整体。由此，我们应该认识到，人类也生活在生物圈中，对环境造成的破坏，环境也必将"回报"给人类，所以人与自然和谐相处是多么重要啊！

【设计意图】

通过总结升华，引导学生学以致用，解释身边的实例，以突出教学重点，突破教学难点。

【品析小结】

引导学生学以致用，解释相关问题。通过小结，让学生进一步形成"生物与环境是一个不可分割的整体"的观点。

四 教学反思与建议

首先创设情境，播放一些录像资料，介绍昆虫的采粉过程、猎豹的捕食过程以及植物的种子形态、沙漠中的仙人掌和热带雨林植物等，这些形象的案例可以激发学生的兴趣。这时教师因势利导地提出一些问题，可使学生认识到各种生物对环境都有一定的适应性，从而为本节课开一个好头。教师利用这种方式来引入新的教学内容，刚开始就抓住了学生的心，激发了学生的兴趣，同时还通过一些探究性的问题激发了学生的求知欲望。

建议教师在课前引导学生思考和讨论教材第 20 页的六道思考题，并让学生分组制订计划和学习收集证据的方法；学生课下测量，分析处理数据，得出实验结论。然后在本节课中拿出一定的时间让学生表达和交流，让学生掌握科学探究的一般方法。

五 课标在线

学科交叉融合：数学方法应用于生物探究

生物学作为一门重要的自然科学，具有定量化、严谨性和复杂化等特征。在生物教学中渗透数学思想和数学原理，不仅能够促进生物学的研究，还能揭示复杂的生命奥秘。因此，在生物教学中，合理运用数学方法显得尤为重要，主要有以下几种方法：

（1）数学模型：数学模型能够表现和描述真实世界的某些生命现象和活动规律，借助数学模型能够将复杂的生物问题转化为数学问题，如“种群的增长”可用简单模型玛萨斯方程来描述。

（2）概率与统计：自然界的生物纷杂繁多，要揭示某些生命现象就得借助数学中概率与统计的方法。如“探究花生果实大小的变异”可通过随机取样—测量—绘曲线图或直方图等来实现。

（3）推算：如学习“晚婚的意义”可先创设数字化问题情境，然后通过推算得出结论。

六 活动与检测

利用数学方法对生物科学研究的对象进行量的分析、描述、计算和推导，是科学研究的重要方式。

数学是研究事物的量、量的关系和变化的科学。数学方法的应用程度直接影响科学技术发展水平的高低。“探讨我国人口增长的趋势”等案例的设计思想就在于此。传统的生物教学也探讨我国人口增长的问题，在教材中一般是将世界和我国人口的变化趋势用表格和曲线图直接表示出来，由教师讲授。《全日制义务教育生物课程标准（实验稿）》（以下简称《标准》）中“探讨我国人口增长的趋势”的案例则仅仅提供我国人口数量变化的数据表，让学生阅读和绘制人口增长曲线图，然后分组讨论我国人口增长的趋势及其对我国社会、经济的影响。通过这一活动，中学生可以体验数学在生物科学研究中的作用和价值，全面提高科学素养。“制作小肠壁结构的模型”案例的设计也隐含着通过制作和测量、分析等方法体验数学方法的意义。

其实，数学方法在生物学中的应用相当广泛，还有系统论、控制论和综合分析等。请你谈谈你将如何利用相关的数学方法对“计划生育”这节课进行教学。

七 课外阅读与拓展

1. 张丹丹，褚晓沁，林晓洁 .“生物对环境的适应和影响（第 2 课时）”的教学设计 [J]. 生物学通报，2010（8）.

2. 曹玲丽 . 浅谈“生物对环境的适应和影响”一课的教学 [J]. 中学教学参考，2009（11）.

3. 祝远超 . 例谈高中数学知识在生物学解题中的应用 [J]. 生物学通报，2011（4）.

4. 朱来云 .“生物对环境的适应和影响”的教学设计 [J]. 才智，2008（16）.

5. 教师资源网 .http://www.jb1000.com.

6. 全国中小学教师继续教育网 .http://www.teacher.com.cn.

案例2 信息技术与现代生物教育技术融合

——“细胞核是遗传信息库”案例分析

一 案例背景

本节课为人教版生物学七年级上册第二单元第二章第二节的内容，包括三部分：遗传信息在细胞核中；细胞核中有储存遗传信息的物质——DNA；DNA和蛋白质组成染色体。第一节讲述了细胞的生活需要物质和能量，其中介绍了细胞中的细胞膜和细胞质这两种基本结构的功能。第二节作为第二章“细胞的生活”中的重要一节，阐释了细胞核的重要功能——遗传信息库。这共同构成了细胞基本结构和功能的完整知识体系，同时也为学习和理解下一节“细胞分裂”的知识奠定了基础，使学生对细胞的生活有一个基本了解。

本节课理论性很强，学生在前面学习动植物细胞的时候掌握了一些关于DNA、基因的知识，但是他们并不理解其准确的概念及它们之间的关系，加之这节课内容比较抽象，不好理解，对刚刚进入初中阶段学习的七年级学生来说具有一定的难度。

【教学目标】

（一）知识目标

（1）描述细胞核在生物遗传中的重要功能——遗传信息库；

（2）说出染色体、DNA、遗传信息之间的关系。

（二）能力目标

（1）运用资料分析的方法，阐明遗传信息储存在细胞核中；

（2）尝试模拟探究遗传信息的多样性。

（三）情感目标

（1）认同遗传信息的载体是生物体内特定的物质；

（2）关注社会热点话题，增强学生的社会责任感。

【教学重难点】

（一）教学重点

（1）细胞核在生物遗传中的重要功能；

（2）染色体、DNA 和基因的关系。

（二）教学难点

（1）遗传物质储存在细胞核中；

（2）DNA 是主要遗传物质。

二 教学过程

教学过程

教学内容	教师活动	学生活动
新课导入	人类的活动需要物质和能量，同时还需要信息。带领学生一起感受处处充满信息的生活，例如，旅游前了解当地的天气信息；坐公交车可通过站牌了解信息；买电视机前了解相关的商品信息，由此引出生物的生长发育也需要信息，然后进入新课的学习。 出示成龙父子的图片，导出遗传信息课题。	与教师一起体会生活中的各种信息，观察图片并思考。
细胞核是遗传信息库	设疑：由于得到父母的遗传信息，一般情况下，灰羊生灰羊，白羊生白羊，黑羊生黑羊，但是灰羊妈妈看到小白羊长得可爱，它就想：我要是也能生出一只小白羊那该多好。那么，如何帮助灰羊妈妈实现愿望呢？ 引导学生自主阅读教材第 55 页的资料分析。 请一名学生复述小羊多莉的产生过程。 引导学生在同桌之间进行讨论——如何帮助灰羊妈妈实现愿望。 让一名学生回答如何帮助灰羊妈妈实现愿望。	阅读教材第 55 页的资料分析，并思考如何帮助灰羊妈妈实现愿望。 请一名学生复述小羊多利的产生过程。 同桌之间讨论“如何帮助灰羊妈妈实现愿望”。 一名学生描述如何帮助灰羊妈妈实现愿望。

（续上表）

教学内容	教师活动	学生活动
细胞核是遗传信息库	引导学生（前后桌四个学生为一组）根据小羊多莉和小白羊的产生过程，完成下列三道讨论题。 （1）A、B、C 羊各提供了什么？ （2）克隆羊像谁？ （3）细胞的遗传信息在哪里？ 解决问题并引导学生推断出遗传信息在细胞中的位置。	思考完成三道讨论题。 得出“遗传信息在细胞核中”的结论。
遗传信息的载体——DNA	**1.DNA 的结构** 举例：教材是一种载体，所承载的信息是图片和文字；拷贝复习资料需要什么载体来承载信息？ 由此说明“只要是信息就要有载体”，提出问题：“遗传信息的载体又是什么”，进而引出“遗传信息的载体是一种叫做 DNA 的有机物”。 展示 DNA 分子结构模型，引导学生结合模型，阅读教材第 56 页第 1、2 段的内容，思考以下两个问题： （1）DNA 的结构是怎样的？ （2）什么是基因？ **2. 基因的定义** 由 DNA 模型中四种不同的颜色分别代表四种不同的化学物质，引出基因的定义。 **3. 活动：模拟探究遗传信息的多样性** 由七个音符可以组成许许多多不同的曲子引入，引导学生探究“DNA 分子中的四种化学成分是如何组成多种多样的遗传信息的”。 引导学生进行实验：假设一个 DNA 分子片段由六个 A、T、C、G 组成，用四种颜色的纸条分别代表这四种物质，红色代表 T，黄色代表 C，绿色代表 A，蓝色代表 G，前后桌四个学生为一组，把信封中的六张纸条贴成一串，代表一种遗传信息。如贴成的纸条是红黄绿绿蓝绿，就在笔记本上写下 TCAAGA，代表一种遗传信息。 实验结束后引导学生总结出遗传信息的多样性。对于整个生物界来说，遗传信息的多样性决定了基因的多样性，基因的多样性决定了生物种类的多样性，从而构成了地球上生机勃勃、绚丽多彩的生物世界。	思考并回答教师提出的问题。 观察 DNA 分子结构模型，阅读教材第 56 页第 1、2 段的内容，思考问题。 由 DNA 的形状得出其结构是双螺旋的。 观察教师手中的模型，理解 DNA 的定义。 动手实验，并将贴成的 DNA 片段展示到黑板上。

（续上表）

教学内容	教师活动	学生活动
染色体	**1. 染色体的组成** 展示染色体组成模式图，引导学生在教材中找出染色体的概念。 结合图片加以引导，让学生理解DNA分子经过多次螺旋折叠，结合蛋白质分子，最终构成染色体。 **2. 每一种生物的细胞内，染色体的数目是一定的** 通过“先天愚型——多了一条染色体”和“猫叫综合征——一条染色体中的一段缺失”这两个例子引导学生理解染色体数目的恒定对生物的重要性，一旦染色体数目改变，就会影响该生物的正常生活和传宗接代。再进行“每一个生命的发育过程都是来之不易的，所以必须珍爱自己的生命”的情感教育。	在教材中找出染色体的概念并齐读。
染色体、DNA、遗传信息之间的关系	点击Flash，带领学生一起作简单回顾。 回顾细胞膜控制物质的进出、叶绿体与线粒体的功能、细胞中所进行的物质和能量变化的指挥和控制中心——细胞核。 提出问题：细胞核中有染色体、DNA、遗传信息，它们之间存在怎样的关系？	齐读教材最后一段话。 分析三者之间的关系。
课堂小结	小结本节课的主要内容。	回顾本节课的主要内容。
热点追踪	通过这节课了解小羊多莉的克隆过程，引申出目前克隆技术已经被广泛应用在许多动物身上。提出问题：这种技术应用在人身上好不好，有哪些利与弊？ 引导学生四人为一组，并展开讨论。	运用本节课所学的知识，发表自己的一些看法。
布置作业	**1. 活动与探究** 在克隆羊多莉的诞生过程中，母羊A提供了去核卵细胞，为什么在研发这种技术时，所提供的受体细胞一般是卵细胞？ **2. 课后阅读** 阅读教材第58页“科学家的故事”。	课后完成作业。

三 案例评析

（一）创设情境，利用图片，引出课题

【镜头回放】

※ 新课导入 ※

通过上节课的学习，我们知道人类的活动需要物质和能量，同时我们还需要信息。只要大家稍微留意，就可以感受到我们的生活处处充满了信息。如果我们要去旅游，我们会了解要去的那个地方的天气信息；如果我们要坐公交车，我们会通过站牌了解信息；如果家里要买一台电视机，我们会了解相关的商品信息。可见，信息是我们生活中不可缺少的内容。同样，生物的生长发育也需要信息，这就是我们今天要学习的内容。出示成龙父子的图片，让学生观察，导出遗传信息课题。

【设计意图】

通过生活中无处不在的信息及成龙父子的图片导出课题，调动学生的学习热情。

【品析小结】

由生活中无处不在的信息联系到生物的生长发育也需要信息，再通过学生熟悉的明星父子图，抓住学生的好奇心理，激发起其学习的兴趣。

（二）设疑激趣，故事导学，层层递进，推出结论

【镜头回放】

※ 细胞核是遗传信息库 ※

教师：由于得到父母的遗传信息，一般情况下，灰羊生灰羊，白羊生白羊，黑羊生黑羊，但是灰羊妈妈看到小白羊长得可爱，它就想：我要是也能生出一只小白羊那该多好。那么，如何帮助灰羊妈妈实现愿望呢？下面请同学们阅读教材第 55 页“小羊多莉的身世”的材料，看能否从中得到启发，等一下请一位同学来复述小羊多莉的产生过程。

学生自主阅读教材第55页的资料分析。

教师：请一位同学来说说小羊多莉的产生过程。

学生复述小羊多莉的产生过程。教师展示：

（1）从A母羊（黑面）中取出一枚卵细胞，抽掉细胞核，剩无核的卵细胞；

（2）从B母羊中取出一枚乳腺细胞，抽出细胞核；

（3）将B羊的细胞核注入A羊的去核卵细胞当中，形成融合细胞，将融合细胞在体外培养，不断分裂形成胚胎；

（4）将胚胎移入C母羊的子宫内，继续发育，最后产下多莉。

学生讨论：如何帮助灰羊妈妈实现愿望。

教师请一位同学说说如何帮助灰羊妈妈实现愿望。

学生根据小羊多莉和小白羊的产生过程，前后桌四个同学完成以下三道讨论题：

（1）A、B、C羊各提供了什么？

（2）克隆羊像谁？

（3）细胞的遗传信息在哪里？

教师：由于克隆羊像B羊，而B羊提供的是细胞核，所以我们可以推断出遗传信息位于哪里？

学生：细胞核中。

教师：由此我们可以得出结论：遗传信息在细胞核中。

【设计意图】

通过设疑激发学生的兴趣，借助克隆羊多莉的故事启发学生帮助灰羊妈妈实现愿望，从而推出结论。

【品析小结】

创设情境，抛出问题，并启发学生如何解决问题，这样既能推出本节课的中心结论，突破重难点，又能锻炼学生分析与表达的能力。

（三）类比学习理解载体，用结构模型直观了解DNA分子

【镜头回放】

※遗传信息的载体——DNA※

1.DNA的结构

教师：只要是信息就要有载体。比如我们的教材就是一种载体，它们所承载

的信息是图片和文字。再比如，如果你要来老师这里拷贝一些复习资料，那么你需要什么载体来承载信息？

学生：U 盘。

教师：那么，遗传信息的载体又是什么？经研究发现，遗传信息的载体是一种叫做 DNA 的有机物。下面请同学们结合 DNA 分子结构模型，阅读教材第 56 页第 1、2 段的内容，思考以下两个问题：DNA 的结构是怎样的？什么是基因？

教师：（展示 DNA 分子结构模型）DNA 存在于细胞核中，其形状像什么？

学生：像螺旋形的梯子。

2. 基因的定义

教师：（指着模型，让学生观察）我们一起来看一下，这个螺旋形的梯子中间有多少种颜色？

学生：四种。

教师：这四种颜色分别代表了四种不同的化学物质，正是这四种物质的排列组合不同，使得DNA分子每一段所具有的遗传信息都不同，从而引出基因的定义：基因是具有特定遗传信息的 DNA 片段。

【设计意图】

用学生熟悉的实例作类比，并通过模型让学生更好地理解微观上的一些概念。

【品析小结】

用类比的方法和结构模型能够引起学生的注意，帮助学生更好地理解抽象的概念，化抽象为具体，从而取得较好的教学效果。

（四）模拟探究活动，感受遗传信息的多样性

【镜头回放】

3. 活动：模拟探究遗传信息的多样性

教师：我们知道，七个音符可以组成许许多多不同的曲子，那么，DNA 分子中的四种化学成分是如何组成多种多样的遗传信息的呢？接下来，我们就一起来模拟探究遗传信息的多样性。我们假设一个 DNA 分子片段由六个 A、T、C、G 组成，我们用四种颜色的纸条分别代表这四种物质，红色代表 T，黄色代表 C，绿色代表 A，蓝色代表 G，前后桌四个同学为一组，把信封中的六张纸条贴成一串，代表一种遗传信息。如贴成的纸条是红黄绿绿蓝绿，就在笔记本上写下

TCAAGA，代表一种遗传信息，下面动手实验。

学生动手实验，并将贴成的DNA片段展示到黑板上。

教师：我们做成的DNA片段有没有相同的?

学生：没有。

教师：所以它们代表的遗传信息就不同。我们刚才只是模拟DNA分子的一个小片段，事实上每个DNA片段的大小、排序都是不一样的，所代表的遗传信息也就各不相同。正是因为遗传信息的多样性，才有了相貌各不相同的人。对于整个生物界来说，遗传信息的多样性决定了基因的多样性，基因的多样性决定了生物种类的多样性，从而构成了地球上生机勃勃、绚丽多彩的生物世界。

【设计意图】

在活动中让学生体会遗传信息的多样性。

【品析小结】

这个环节的设计巧妙地将抽象难懂的知识点化为生动有趣的小实验，充分调动了学生的积极性，让学生在轻松活泼的氛围中理解了遗传信息的多样性。

（五）结合图片，直观感受微观结构

【镜头回放】

※ 染色体 ※

1. 染色体的组成

教师：我们知道了遗传信息的载体是DNA，但DNA在细胞核中以怎样的形式存在?

学生：染色体。

教师：为什么称为染色体，课本里面是如何给它下定义的?我们通过图片一起来看一下染色体到底是怎样的。

教师：（展示染色体组成模式图）染色体是DNA分子经过多次螺旋折叠，结合蛋白质分子，最终构成的。所以组成染色体的两种物质是什么?

学生：主要是DNA和蛋白质。

教师让学生在教材中找出染色体的概念，齐读。结合图片加以引导，DNA分子经过多次螺旋折叠，结合蛋白质分子，最终构成染色体。

2. 每一种生物的细胞内，染色体的数目是一定的

教师：染色体数目的恒定对生物来说非常重要，一旦染色体数目改变，就会影响该生物的正常生活和传宗接代。我们来看一下，这是正常人的染色体，一共 23 对 46 条，像这个小朋友因为多了一条染色体，就会患上严重的遗传病——先天愚型。多一条不行，一条中一段缺失也不可以，如猫叫综合征（出示图片）。从上述例子，我们不难看出染色体数目恒定对生物的重要性，也可以看出，每一个生命的发育过程都是来之不易的，所以我们必须珍爱自己的生命。

【设计意图】

图文结合，直观具体，有助于学生理解染色体的组成。

【品析小结】

有效地利用相关的图片，讲授相应的生物学知识，弥补七年级学生在认知上的不足，讲清本节的重点。

（六）运用 Flash 动画，总结归纳

【镜头回放】

※ 染色体、DNA、遗传信息之间的关系 ※

教师：综合这两节课的内容，我们知道细胞中既有物质、能量，又有信息，它们是如何统一的呢？我们一起来读教材最后一段话。

学生齐读最后一段。

教师：（点击 Flash 动画，师生共同回顾总结）我们一起来简单回顾一下。细胞膜能控制物质的进出；叶绿体能吸收光能并将其转变成化学能，储存在有机物中；线粒体将有机物与氧结合，经过复杂的过程，转变成二氧化碳和水，同时释放出化学能，为细胞的生活提供动力；细胞中所进行的物质和能量的变化非常复杂，它需要一个统一的指挥和控制中心——细胞核。通过本节课的学习，我们知道细胞核中有染色体、DNA 和遗传信息。（提问：它们之间存在怎样的关系？让学生思考。）

【设计意图】

用 Flash 动画帮助学生梳理新旧知识之间的联系，使所学知识系统化。

【品析小结】

在本环节中，教师利用现代信息技术，能很好地帮助学生梳理新旧知识，形成一定的知识网络，有利于逻辑思维的培养。若能在学生思考后用概念图带领学生一起总结染色体、DNA、基因之间的关系，则更能突出重点。

（七）热点追踪，课后探究，将信息技术与现代生物教育技术有机融合

【镜头回放】

※ 热点追踪 ※

教师： 通过这节课的学习，我们了解了小羊多莉的克隆过程。目前克隆技术已经被广泛应用在许多动物身上，这种技术应用在人身上好不好，有哪些利与弊？同学们前后桌四个人为一组，展开讨论。

学生讨论并发表各组的意见。

教师：（适当点评）下课后，同学们进行活动与探究：在克隆羊多莉的诞生过程中，母羊 A 提供了去核卵细胞，为什么在研发这种技术时，所提供的受体细胞一般是卵细胞？

【设计意图】

通过热点追踪和课后探究，让学生关注社会，勤于思考。

【品析小结】

通过小组合作讨论、课后探究和社会热点追踪，将信息技术与现代生物教育技术有机融合。

四 教学反思与建议

本节课是人教版生物学七年级上册第二单元第二章“细胞的生活”第二节“细胞核是遗传信息库”中的内容。由于初一学生生物知识储备较少，理解能力相对较弱，而本节课概念又多，且比较抽象，难以理解。教师从学生的认知水平出发，加入了形象的 Flash 动画及图片，逐步引导学生认识各个概念。在学生初步认识 DNA、基因（遗传信息）这两个抽象概念后，创设探究活动，模拟探究遗传信

息的多样性。用四种颜色的纸条代表DNA中的四种化学物质，让学生动手制作DNA片段，感受遗传信息的多样性。通过动画以及活动，将抽象难懂的知识点化为生动有趣的小实验，使学生在轻松活泼的氛围中掌握了本节课的重难点。

五 课标在线

充分重视信息化课程资源的利用，包括各种生物教学软件、网络上的生物科学教育资源等。

计算机多媒体以其极强的交互性和模拟功能显示出它在生物教学中的重要作用。生物教师应该在教学中充分利用各种教学软件来提高教学效率，包括教师自制的教学软件。

随着网络的发展，互联网传递着越来越多的生物教育信息，如动植物的图片、课件、动植物的趣闻、最新的生物科学进展等。这些信息也应在生物教学中得到充分利用。

六 活动与检测

以多媒体和网络为核心的信息技术能集图、文、声、像于一体，在生物教学中，要求教师融合信息技术，充分挖掘网络课程资源，改变以粉笔和黑板为主要手段的传统教学。教师充分利用丰富的网络资源，如图片、课件、科学故事、Flash、视频等，为学生提供前所未有的感性材料，使一些抽象的生物概念、原理和现象形象化、具体化，使静态的生物学知识动态化，从而激发学生的学习兴趣，调动学生的学习动机。网络资源信息量大、传播迅速有效，是提高教与学的质量的重要保障。

如讲“尿的形成和排出”时，如果按照传统的教学方式，学生将难以认识人体中肾的真面目及尿的形成。因此，教师应运用现代信息技术，通过网络图片向学生展示肾的内部结构，还可以通过视频展示尿在人体的形成和排出过程。这样，教师讲得轻松，学生学得也快。

活动：对于“爱护植被，绿化祖国”一节，你将如何利用信息技术进行教学，让学生在学习中了解我国植被的过去与现状，唤起学生爱护植被、绿化祖国的意识呢？

七 课外阅读与拓展

1. 李建芝，顾咏梅．“细胞核是遗传信息库”一节的教学设计 [J]. 生物学通报，2010（8）.

2. 马英杰，宋冰雪．“细胞核是遗传信息库”说课稿 [J]. 中学生物教学，2006（4）.

3. 杜佳莹．“细胞核是遗传信息库”的教学设计 [J]. 生物学教学，2010（2）.

4. 王学良．广泛运用多媒体　推动初中生物教学 [J]. 中国教育技术装备，2012（4）.

5. 中国生物课程网 .http://bio.cerp.com.

6. 中国知网 .http://www.cnki.com.cn.

7. 中国期刊网 .http://www.chinaqking.com.

案例3 新课程下注重情感态度与价值观教育

——“只有一个细胞的生物体”案例分析

一 案例背景

本节课是人教版生物学七年级上册第二单元第三章第三节“只有一个细胞的生物体”的内容，是本章教学内容“细胞怎样构成生物体”的一个重要组成部分。学生在前面已经掌握了动植物体结构层次的知识，下一章学生将要学习“没有细胞结构的微小生物——病毒”。因此，本节内容在教学过程中起着承前启后的作用。通过本节课的学习，学生可以认识到单个细胞同样可以构成生物体，并独立完成生物体全部的生命活动。本节内容既是对学生已有知识框架的补充和完善，也为下节课学生理解病毒的寄生生活作了铺垫。因此，本节课无论是从知识的形成、能力的培养，还是从情感态度与价值观的形成来看，都是不可或缺的。

通过前面章节的学习，学生对于细胞是构成生物体的基本单位有了一定的了解，为本节课的理论学习打下了基础。初一学生对于新鲜事物有着浓厚的兴趣和探索欲望，但学生毕竟刚刚接触微观世界，观察力还需进一步锤炼，准确描述实验现象的能力也有待提高，需要教师加以引导。

【教学目标】

（一）知识目标

（1）说明单细胞生物是依靠一个细胞完成生命活动的；

（2）描述草履虫的结构以及运动、呼吸和消化等生理功能；

（3）举例说出单细胞生物与人类的关系。

（二）能力目标

（1）尝试对单细胞生物的生命活动进行自主探究；

（2）运用草履虫取食、运动等视频资料，锻炼学生的观察能力。

（三）情感目标

（1）认同细胞构成生物体的观点；

（2）通过学习单细胞生物与人类的关系，渗透珍爱生命的情感。

【教学重难点】

（一）教学重点

（1）单细胞生物是依靠一个细胞完成生命活动的；

（2）草履虫的结构和运动、呼吸、消化等生理功能。

（二）教学难点

单细胞生物是依靠一个细胞完成生命活动的。

三 教学过程

教学过程

教学内容	教师活动	学生活动
新课导入	展示图片：各种单细胞生物的图片，包括单细胞动物、单细胞植物和真菌等各种类群。 这些美丽的生物就悄悄地生活在我们周围。水里、土壤、空气中都有它们的身影，但是它们是如此之小——只由一个细胞构成，我们用肉眼看不见它们。	观看图片，引发思考。
自主探究草履虫的形态、大小和结构等特征	**1. 观察草履虫** 播放草履虫的视频： （1）引导学生用准确的语言描述草履虫的形态、大小和结构等特征； （2）引导学生对观察结果进行提炼和归纳，确认草履虫是单细胞生物。 思考：草履虫只有一个细胞，它能像高等动物那样呼吸、消化和运动吗? （3）课件展示草履虫的结构并引导学生总结草履虫的生理结构和功能。本部分内容采用联系人体各部分结构进行类比的学习方法，能使学生的印象更深刻。 总结：单细胞生物如草履虫虽只是一个细胞，但能像高等动物那样完成呼吸、消化、排泄等生理活动，能正常生活，同样构成了一个完整的生命体。 **2. 列举单细胞生物与人类的关系** 引导学生阅读教材第70页的相关内容，列举单细胞生物与人类的关系。 拓展延伸：你知道赤潮现象吗?	观看视频并积极思考回答问题。 学生思考后回答。 在教师的引导下联想到人体，总结出草履虫的生理结构和功能。 阅读教材，小组探讨单细胞生物与人类的关系。

（续上表）

教学内容	教师活动	学生活动
系统总结	引导学生构建知识体系。 单细胞生物 — 常见种类 — 草履虫 　— 形态 　— 结构及作用 　　1. 纤毛运动 　　2. 表膜呼吸 　　3. 口沟摄食 　　4. 食物泡消化吸收 　　5. 胞肛排出残渣 　　6. 伸缩泡：收集管收集排出废物 　　7. 细胞核生殖遗传 　　8. 细胞质 — 与人类的关系 　— 有益 　— 有害	

三 案例评析

（一）利用课件图片创设情境，激发学生的学习兴趣

【镜头回放】

※ 新课导入 ※

课件展示各种单细胞生物的图片，包括单细胞动植物和真菌等各种类群。

学生观看图片，引发思考。

教师：这些美丽的生物就悄悄地生活在我们周围。水里、土壤、空气中都有它们的身影，但是它们是如此之小——只由一个细胞构成，我们用肉眼看不见它们。

【设计意图】

激发学生对单细胞生物的兴趣。

【品析小结】

通过展示各种单细胞生物的图片及生活实例，让学生直观感受这些生物的存在，以激发学生的学习兴趣。

（二）观看视频，提出疑问，自主探究，合作交流

【镜头回放】

※ 自主探究草履虫的形态、大小和结构等特征 ※

1. 观察草履虫

教师播放草履虫的视频：

（1）引导学生用准确的语言描述草履虫的形态、大小和结构等特征；

（2）引导学生对观察结果进行提炼和归纳，确认草履虫是单细胞生物。

教师：草履虫只有一个细胞，它能像高等动物那样呼吸、消化和运动吗？

学生观看视频并积极思考、回答问题。

教师用课件展示草履虫的结构并引导学生联系人体各部分结构进行类比，总结草履虫的生理结构和功能，如下图：

草履虫的结构与功能
- 运动：纤毛（在水中旋转前进）
- 呼吸：表膜（吸氧气，排二氧化碳）（想到人的鼻子）
- 消化：口沟（食物进入）（想到人的嘴巴）
  - 食物泡（食物被消化）（想到人的胃）
  - 胞肛（排出食物残渣）（想到人的肛门）
- 排泄：收集管（收集体内多余的水分和废物）
  - 伸缩泡（排除体内多余的水分和废物）
- 生殖：细胞核（大核、小核）（进行分裂）

教师：（总结）单细胞生物如草履虫虽只是一个细胞，但能像高等动物那样完成呼吸、消化、排泄等生理活动，能正常生活，同样构成了一个完整的生命体。

2. 列举单细胞生物与人类的关系

教师：你知道赤潮现象吗?

学生阅读教材的相关内容，小组内探讨单细胞生物与人类的关系。

【设计意图】

通过观看草履虫的取食、运动等各种视频资料，让学生更直观、更形象地观察到草履虫的结构和功能，培养学生的观察能力。再让学生尝试自主探究单细胞生物的生命活动，让学生学习设计实验的方法。

【品析小结】

通过视频让学生更直观、更形象地观察到草履虫的结构和功能，能较好地突破重点和难点；同时采用类比学习法，让学生联系人体的各部分结构进行学习，加深印象；最后通过学习单细胞生物和我们人类的关系，渗透珍爱生命的情感教育，达成情感目标。但在整个教学过程中，对单细胞生物生命活动的实验探究没有体现出来，有点遗憾。

（三）系统总结：引导学生构建知识体系

【镜头回放】

※ 系统总结 ※

- 单细胞生物
  - 常见种类
  - 草履虫
    - 形态
    - 结构及作用
      - 1. 纤毛运动
      - 2. 表膜呼吸
      - 3. 口沟摄食
      - 4. 食物泡消化吸收
      - 5. 胞肛排出残渣
      - 6. 伸缩泡：收集管收集排出废物
      - 7. 细胞核生殖遗传
      - 8. 细胞质
  - 与人类的关系
    - 有益
    - 有害

【设计意图】

引导学生构建知识体系。

【品析小结】

通过构建知识体系，学生对本节课的主要内容可以一目了然，有助于学生记忆。

四 教学反思与建议

本节课通过情境导入，展示各类单细胞生物的图片，容易引起学生的学习兴趣，收到较好的效果。第二部分“草履虫的结构和功能”是本节课的重点，通过视频能让学生更直观、更形象地观察草履虫的结构和功能，能较好地突破重点和难点，同时采用与人体结构（学生自己最为熟悉的）相联系的类比学习法能够更好地巩固这部分内容，最后通过学习单细胞生物和我们人类的关系，渗透珍爱生命的情感教育，达成情感目标。但在整个教学过程中，对单细胞生物生命活动的实验探究没有体现出来。

建议：如果有条件，可以培养草履虫，然后让学生在显微镜下观察，再总结知识点，就能更好地培养学生的动手和观察能力，且能进一步强化显微镜操作技能，达成技能目标。

五 课标在线

新课程下注重情感态度与价值观教育

社会文明的进步要求公民素养的全面提升，课程改革关注教育的道德文化层面，强调情感态度与价值观的培养。情感不仅指学习兴趣、学习热情和学习动机，更是指内心体验和心灵世界的丰富。态度不仅指学习态度和学习责任，更是指乐观的生活态度、求实的科学态度和宽容的人生态度。价值观不仅强调个人价值，更强调个人价值和社会价值的统一；不仅强调科学价值，更强调科学价值与人文价值的统一；不仅强调人类价值，更强调人类价值与自然价值的统一，从而使学生从内心确立起对真善美的价值追求以及人与自然和谐可持续性发展的理念。案例致力于培养学生丰富的情感、积极的态度和正确的价值观，并使其有机地渗透到教学内容中去。

又如在“探究影响鼠妇分布的环境因素”探究活动结束时，《标准》提出“活动完成以后将鼠妇放回大自然中”，这是我国中学生物学教学史上首次对实验动物提出保护的要求，也是本次课程改革的重要变化之一，是课程目标“热爱大自然，珍爱生命，理解人与自然和谐发展的意义，提高环境保护意识”的真正体现，蕴含了情感态度与价值观的教育。“探究酸雨的危害”、“探讨我国人口增长的趋势”、“模拟血型鉴定”、“设计校园绿化方案”等案例都能丰富学生的情感，如关注自然环境的污染、关注我国人口增长对社会经济发展的影响、关心他人、关心学校和社会的绿化等情感。

六 活动与检测

情感态度与价值观的培养有助于完善学生的人格，培养全面发展的人。生物学因其与人本身的密切关系，在促进学生情感态度与价值观的发展方面具有不可替代的重要价值，这主要表现在三个方面：一是关于自身的，比如认同并养成良好的生活与卫生习惯，形成积极健康的生活态度；二是关于社会的，比如关注与生物学有关的社会问题，增强社会责任感等；三是关于人与自然的，包括如何对待生物、对待自然，如何处理人与环境的关系等。

生物课程教学的目的就是要致力于培养学生丰富的情感，进而形成积极的态度，最终内化为正确的价值观。

初中生物教材涉及各方面的情感态度与价值观教育，如“认识生物的多样性”，教师通过图片展示我国丰富的生物资源，可以培养学生的民族自豪感；讲授遗传育种的相关事件，可以培养学生的民族责任感；讲解生物的锐减，可以唤起学生保护环境、保护生物多样性的意识。而在“输血和血型”一节，可以组织学生进行调查，进而培养学生的情感态度与价值观。如果让你来组织本次活动，你将如何进行？

七 课外阅读与拓展

1. 钱俊瑞 . 注重情感态度教育培养良好的价值观 [J]. 中学生物学，2009（1）.
2. 傅朝晖 .“只有一个细胞的生物体”的教学 [J]. 生物学教学，2007（6）.
3. 滕春喜 . 浅谈生物教学中的人文教育 [J]. 今日科苑，2008（6）.
4. 育星教育网 .http://www.ht88.com.
5. 学科网 .http://www.zxxk.com.
6. 21 世纪教育网 .http://news.21cnjy.com.

案例 4 加强和完善生物实验教学

——"种子植物(观察种子)"案例分析

一 案例背景

本节课是人教版生物学七年级上册第三单元第一章第二节"种子植物"的教学内容，包括两部分：观察种子；裸子植物和被子植物。前一节学习了"藻类、苔藓和蕨类植物"，与这一节要学习的"种子植物"一起构成了生物圈中的绿色植物。通过学习，让学生对植物的四大类群及其特征有一个大概的了解，并为后面学习"种子植物的一生"打下基础。这一节有许多学生很陌生的结构名词，学习起来有一定的难度，因此将本节内容分为两个课时：第一课时为"观察种子"，其余部分为第二课时。

通过前一阶段的学习，学生已经初步形成了结构与功能相适应的观点，所以必须充分利用学生的已有知识，通过让学生观察、讨论、展示等多种方式，促使学生进一步理解结构与功能相适应的观点，并利用这一观点更好地掌握种子的结构及各部分的功能，减少单纯的机械记忆。

【教学目标】

(一)知识目标

(1)说出种子的主要结构，描述菜豆种子和玉米种子的相同点和不同点；

(2)阐明胚是种子的重要部分。

(二)能力目标

(1)运用观察的方法识别种子的结构，学会科学观察的基本步骤及方法；

(2)通过设计表格，比较单、双子叶植物种子结构的区别，锻炼学生处理、加工信息的能力，归纳总结的能力和书面表达能力。

(三)情感目标

(1)参与收集种子的活动，体验与人交流和合作；

(2)通过实验教学，激发学生探究生物科学的兴趣，体验探究学习的快乐。

【教学重难点】

（一）教学重点

（1）种子的结构；

（2）菜豆种子和玉米种子的相同点和不同点。

（二）教学难点

（1）玉米种子各部分的结构；

（2）胚是种子的重要组成部分。

二 教学过程

教学过程

教学内容	教师活动	学生活动
新课导入	复习导入：引导学生集体回答问题。 （1）生物圈中的绿色植物可分为哪些类群？ （2）根据繁殖方式不同，可将藻类、苔藓、蕨类归为什么植物？ （3）除此之外，我们身边还有很多常见的花草树木，如榕树、木棉、桑树等，它们属于什么植物？	回答：藻类、苔藓、蕨类、种子植物。 回答：孢子植物。 回答：种子植物。
探究实验：观察种子	**1. 各种各样的种子** 引导学生展示课前收集到的种子。 用幻灯片展示各种种子图片，通过观察种子的形状、大小和颜色，学生可以从感性上认识种子，了解种子的多样性，知道种子的形状和大小千差万别。 **2. 实验方法及注意事项** 引导学生先阅读教材第 83~84 页的实验内容，强调实验过程不能急于一刀切开，无目标地先睹为快。并提醒注意：观察种子结构的基本步骤是由表及里、先形态后结构、先宏观后微观。	将收集到的种子拿到实物投影仪上展示，并介绍它们的名称。 认真观察图片。 阅读教材的实验内容。

（续上表）

教学内容	教师活动	学生活动
探究实验：观察种子	**3. 实验**	
	实验 1：观察菜豆种子的结构 （1）出示菜豆种子外形图，指出各部分名称。	认真观察图片并认识各部分名称。
	（2）逐步解说实验步骤： ① 捏一下浸透水的种子，注意观察种脐附近，水流出处即种孔； ② 用镊子剥下种皮； ③ 从与种脐相对的一侧分开两个豆瓣，动作要轻，注意别把豆瓣掰断，用放大镜观察两个豆瓣的连接部分； ④ 将豆瓣分开，对照教材第 85 页图 III–8 菜豆种子的结构图，认识各部分的结构名称。	仔细观看教师演示实验。
	（3）播放轻音乐，巡视并指导学生进行实验。	学生亲自动手实验。
	（4）在黑板上画出菜豆种子结构图，请一学生标出菜豆种子各部分的结构名称，引导全班同学给予评价。	一位学生完成教师的任务，其他同学给予评价。
	小结：指出实验过程中存在的问题，出示菜豆种子结构图，总结菜豆种子的结构。	与教师一起总结菜豆种子的结构。
	实验 2：观察玉米种子的结构 （1）说明玉米的种子在生物学上其实是果实。 （2）逐步解说实验步骤： ① 取一粒玉米种子，观察它的外形； ② 把种子放在载玻片上，沿着中轴线，纵向切开种子； ③ 在切面上滴一滴稀释的碘液，再用放大镜观察； ④ 对照教材第 85 页的图 III–8 玉米种子的结构图，认识各部分的结构名称。	仔细观看教师演示实验。
	（3）播放轻音乐，巡视并指导学生进行实验。	学生亲自动手实验。
	（4）在黑板上画出玉米种子结构图，请一位学生标出玉米种子各部分的结构名称，引导全班同学给予评价。	一位学生完成教师的任务，其他同学给予评价。
	玉米胚的结构较难观察，可以先在实物投影仪上演示，指出各部分结构，引导学生再一次动手操作和观察。	再一次认真观看并再做一次实验。
	小结：指出实验中存在的问题，强调将实验台收拾干净，最后再出示玉米种子结构图，总结玉米种子的结构。	与教师一起总结玉米种子的结构。

（续上表）

教学内容	教师活动	学生活动
探究实验：观察种子	**4. 引导学生讨论并完成教材第 84 页的讨论题** （1）重点分析胚能发育成新的植物体。 ① 引导学生观察幼苗图片，猜猜各部分由胚的哪个结构发育而成； ② 播放胚发育成新植物体的过程的 Flash 动画。 （2）引导学生分析比较菜豆种子和玉米种子的异同点，了解双子叶植物和单子叶植物。 **5. 小结种子的基本结构** （1）产生种子的意义——有利于繁殖。 ① 引导学生讨论：孢子和种子哪一个的生命力更强？为什么？ 归纳总结学生讨论的结果，并推荐网站：中国科普博览—植物馆，让学生了解相关知识。 ② 同孢子植物相比，种子植物更适合陆地环境，能产生种子是一个重要原因。 （2）播放视频“种子的结构”。	讨论并完成讨论题。 观察幼苗叶片，思考各部分由胚的哪个结构发育而成。 观看 Flash 动画。 分析比较菜豆种子和玉米种子的异同点。 讨论并回答问题。 观看视频。
小结及巩固练习	小结本节课的主要内容。 出示巩固练习题。	回顾本节课的主要内容。 运用本节课所学知识，完成巩固练习。
作业布置	作业（任选一题）： ① 活动探究：探究玉米和菜豆，谁的淀粉含量高？ ② 调查报告：种子与人类生活的关系。	课后完成作业。

三 案例评析

（一）复习提问，导入新课

【镜头回放】

※ 新课导入 ※

教师：生物圈中的绿色植物可分为哪些类群？

学生：藻类、苔藓、蕨类、种子植物。

教师：根据繁殖方式不同，可将藻类、苔藓、蕨类归为什么植物？

学生：孢子植物。

教师：除此之外，我们身边还有很多常见的花草树木，如榕树、木棉、桑树等，它们属于什么植物？

学生：种子植物。

【设计意图】

通过复习提问，引出新课，同时帮助学生理清知识结构。

【品析小结】

通过复习提问，在导入新课的同时帮助学生温故知新、理清知识结构，简明扼要，一举两得。

（二）引导学生分享成果，直观观察

【镜头回放】

※ 探究实验：观察种子 ※

学生观察各种各样的种子。

教师：课前已经布置同学们收集种子，下面请一位同学把收集到的种子给我们展示出来。

学生将收集到的种子拿到实物投影仪上展示，并介绍它们的名称。

教师及时肯定学生。再用幻灯片展示各种种子图片，引导学生观察种子的形状、大小和颜色，使学生从感性上认识种子，了解种子的多样性，知道种子的形状和大小千差万别。

【设计意图】

让学生参与收集种子的活动，体验与人交流和合作，增加学习的乐趣。

【品析小结】

课前收集种子及课上的展示等活动，加上教师的肯定和总结，既让学生在轻松愉快的氛围中学到知识，又体验到了与人交流和合作的乐趣。

（三）指导学生进行实验，对比归纳，得出结论

【镜头回放】

实验1：观察菜豆种子的结构

（1）教师出示菜豆种子外形图，指出各部分名称。

（2）逐步解说实验步骤：

①捏一下浸透水的种子，注意观察种脐附近，水流出处即种孔；

②用镊子剥下种皮；

③从与种脐相对的一侧分开两个豆瓣，动作要轻，注意别把豆瓣掰断，用放大镜观察两个豆瓣的连接部分；

④将豆瓣分开，对照教材第85页的图III-8菜豆种子的结构图，认识各部分的结构名称。

（3）学生进行实验（播放轻音乐，调节课堂气氛），教师巡视，并进行指导。

（4）教师在黑板上画出菜豆种子结构图，让一学生标出菜豆种子各部分的结构名称，全班同学给予评价。教师小结实验过程存在的问题，出示菜豆种子结构图，师生共同总结菜豆种子的结构。

实验2：观察玉米种子的结构

（1）说明玉米的种子在生物学上其实是果实。

（2）逐步解说实验步骤：

①取一粒玉米种子，观察它的外形；

②把种子放在载玻片上，沿着中轴线，纵向切开种子；

③在切面上滴一滴稀释的碘液，再用放大镜观察；

④对照教材第85页的图III-8玉米种子的结构图，认识各部分的结构名称。

（3）学生进行实验（播放轻音乐，调节课堂气氛），教师巡视，并进行指导。

（4）教师在黑板上画出玉米种子结构图，让一学生标出玉米种子各部分的结构名称，全班同学给予评价。玉米胚的结构较难观察，教师可以先在实物投影仪上演示，指出各部分结构，学生再一次动手操作观察。教师小结实验中存在的问题，强调将实验台收拾干净，最后再出示玉米种子结构图，师生共同总结玉米种子的结构。

实验结束后学生讨论并完成教材第84页的讨论题。

（1）重点分析胚能发育成新的植物体。

①观察幼苗图片，猜猜各部分由胚的哪个结构发育而成；

②播放胚发育成新植物体的过程的 Flash 动画。

（2）分析比较菜豆种子和玉米种子的异同点，了解双子叶植物和单子叶植物。

师生共同小结种子的基本结构。

【设计意图】

通过实验激发学生的学习兴趣，调动学生学习的积极性，培养学生的问题探究能力，为学生的思维发展创造条件。对学生进行比较法、归纳法等思维方法的训练，培养学生的思维能力，提高学习效果。

【品析小结】

对于七年级的学生来说，动手能力还不是很强，教师先通过演示实验，使学生能够获得感性的认识和验证，以加深对理论知识的理解；然后再让学生切身体验，把学生带入发现问题的情境。教师提示学生规范操作，及时帮助解决问题，使学生在分析和解决实验问题中锻炼思维能力，同时培养学生浓厚的生物学兴趣和语言表达能力。

（四）理论指导实践，学以致用

【镜头回放】

（1）产生种子的意义——有利于繁殖。

讨论：孢子和种子哪一个的生命力更强？为什么？

①了解各种常见种子的寿命，在低温和干燥条件下，种子寿命可延长；在高温和潮湿条件下，种子寿命会缩短。种下沉睡千年的古莲子也可开出美丽的荷花。

推荐网站：中国科普博览—植物馆，让学生了解相关知识。

②同孢子植物相比，种子植物更适合陆地环境，能产生种子是一个重要原因。

（2）播放视频“种子的结构”。

【设计意图】

让学生尝试利用所学知识解决实际问题，学以致用。

【品析小结】

把理论和实践相结合，使学生更好地掌握知识结构。同时推荐相关网站，扩大学生的知识面。

四 教学反思与建议

生物科学是一门实验科学，实验是学生获得感性知识的最有效手段，也是培养能力的重要途径；而且学生的认识规律也是由感性认识上升到理性认识的过程。本节课采用以实验为主线的“引导—探究式”教学法，充分发挥了学生的主体作用，调动学生学习的积极性，培养了学生的动手能力、观察能力和思维能力。同时，在实验中让学生体验到了与人交流和合作的乐趣。另外，通过 Flash 动画和视频让学生更好地理清知识结构，记忆更深刻，取得了较好的教学效果。

五 课标在线

实验教学既是一类探究活动，也是生物教学的基本形式之一。在《标准》的内容标准部分列举的一些活动建议中，相当部分就是实验。

（1）学校应逐步完善生物实验室的建设、仪器设备和用具的配置，保证实验教学经费的投入。生物教师也应创造条件，就地取材、因陋就简地开设好生物实验。

（2）实验设计应该多样化。例如，可以采用比较规范的实验仪器设备设计实验，也可以设计低成本实验；可以采用生物材料设计实验，也可以设计模拟性实验；有条件的学校还可以适当引入多媒体技术进行虚拟实验。教师应鼓励学生参与设计实验。

（3）在重视定性实验的同时，也应重视定量实验，让学生在量的变化中了解事物的本质。教师应向学生提供机会学习量的测定，实事求是地记录、整理和分析实验数据、定量表述实验结果等。

（4）要注意实验安全教育。安全使用实验器具（如解剖器具、玻璃器皿、酒精灯等）和实验药品（如酒精、酸、碱等）是生物学实验的基本技能，教师应强化安全教育，增强学生的自我保护意识。

六 活动与检测

生物学是一门以实验为基础的自然科学，许多生物学概念、原理和现象都是在实验的基础上建立起来的，因此，实验教学是生物教学的重要内容之一。21世纪是生物学的时代，新课改提出要以发展学生的生物技能和生物学素养为重点，作为当今时代的生物教师，我们应尽可能地为学生创设实验的条件和机会，可以因地制宜地开展生物实验，也可以设计模拟实验，还可以借助多媒体进行虚拟实验等，以此激发学生对生物学的热爱，培养学生的动手能力、思维能力和观察能力，以及严谨的工作态度、实事求是的精神。

中学教材中涉及许多具有探究性的实验，如“光对鼠妇生活的影响”、“测定种子的萌发率”、“种子萌发的环境条件”、“测定反应的速率”等。此外，还有许多调查性实验，如“调查我们身边的生物”就是一个非常有趣的实验，教师可以利用当地自然资源，组织学生进行调查，这样既能培养学生的观察能力，又能培养学生热爱自然和团结协作的精神。作为生物教师，你将如何来组织本次活动？

七 课外阅读与拓展

1. 叶治平．“种子的结构”教学设计与案例 [J]. 中学生物学，2007（3）.
2. 肖汉珊．“探究种子的结构”教学设计 [J]. 新课程研究，2011（11）.
3. 吴俊莲．“种子植物”一节的教学设计 [J]. 生物学教学，2008（1）.
4. 何大平．初中生物实验教学探讨 [J]. 才智，2011（13）.
5. 龙姿君．初中生物实验教学中的改革与实践 [J]. 新课程研究，2012（9）.
6. 张勇．浅谈农村初中生物实验教学 [J]. 中国校外教育，2010（21）.
7. 中国教师网 .http://www.cnjsw.cn.
8. 学科网 .http://www.zxxk.com.
9. 21 世纪教育网 .http://www.21cnjy.com.

案例 5 新课程生物教学倡导活动课教学

——“开花和结果”案例分析

一 案例背景

本节课是人教版生物学七年级上册第三单元第二章第三节“开花和结果”的教学内容，包括三部分：花的结构；传粉和受精；果实和种子的形成。通过讲述绿色植物的生命周期，让学生知道“开花和结果”是被子植物一生中最重要的生理活动。本节对于学生全面认识绿色开花植物起着非常关键的作用，同时也为学习第六单元“生命在生物圈中的延续和发展”作了铺垫。

七年级的学生一方面朝气蓬勃，热爱大自然，好奇心和求知欲强，对丰富多彩的图片、动画以及实物观察和动手实验等非常感兴趣；另一方面，生活中的知识零碎，且大都处于感性认识阶段。在学习本节内容之前，学生已经学习了种子萌发的过程及所需的条件，具备了植物各部位如何生长的知识储备，但对绿色植物的生命周期没有完整的认识。

【教学目标】

（一）知识目标

（1）概述花的主要结构；

（2）描述传粉和受精的过程，阐明花与果实和种子的关系。

（二）能力目标

运用解剖观察的方法，尝试探究花的结构，锻炼学生的观察分析、讨论交流、口头表达及自学的能力。

（三）情感目标

（1）认同花、果实、种子对于被子植物传宗接代的重要意义；

（2）养成爱护花的习惯，珍爱身边的一草一木。

【教学重难点】

（一）教学重点

（1）花的主要结构；

（2）传粉和受精的过程；

（3）花与果实和种子的关系。

（二）教学难点

被子植物的受精过程。

二 教学过程

教学过程

教学内容	教师活动	学生活动
直观感受，激趣导入	引导学生观看有关花的图片和影片，并提出问题：大家喜欢花吗？能不能说说理由。 分享对花的看法之后，用两个问题激发学生一起探讨开花和结果的奥秘。 （1）大家有没有想过开花对植物本身具有什么意义呢？ （2）如果你连续观察花开花谢的过程，就会发现，许多花在凋谢以后，会在花着生的位置出现小小的果实。那大家想不想弄清花究竟是怎样变成果实的呢？	学生各抒己见。
引导探究花的结构	先不讲解花的结构，引导学生以小组为单位，运用解剖观察的方法，探究花的各部分结构（实验活动），结合以下四道题进行讨论总结。 （1）试一试，将桃花的各部分结构名称对号入座。 （2）说一说，你们小组是如何观察和解剖花的？认识了花的哪些结构？ （3）议一议，对于植物繁衍后代来说，花的哪些结构是最重要的？ （4）猜一猜，花的哪一部分最终会发育成果实？ 补充知识：单性花和两性花。 提出问题：从开花到结果还要经历哪些过程呢？	学生进行实验活动，运用解剖观察的方法，探究花的各部分结构。 讨论并共同归纳出花的基本结构。

（续上表）

教学内容	教师活动	学生活动
情境表演，演绎传粉过程	组织学生表演课前编好的小寓言——天生我材必有用。 表演结束，提出问题：精彩的表演看完了，你从中了解到哪些传粉的相关知识? 师生共同归纳出传粉的概念和传粉的方式。	参演学生表演，其他学生认真观看表演。 回答问题。
电脑动画，突破难点（受精过程）	完整播放一遍受精过程的动画。 分步骤播放动画，并提出问题让学生快速抢答。 请一位学生完整地描述一遍受精的全过程。	认真观看动画。 边看边根据老师提出的问题进行快速抢答。 一位学生描述受精的全过程。
对比分析，讲解果实的形成	展示“花的子房与果实”的对照图，引导学生将子房的三部分结构与果实的结构对号入座。 同时通过从“春华”到“秋实”的艰辛渗透情感教育。	仔细观察对照图并将子房的三部分结构与果实的结构对号入座。
巩固练习，寄语学生	利用关于花生的小谜语由浅入深地将书本知识与生活实际紧密结合，让学生在轻松的氛围中理解和消化所学知识。 引导学生阅读课后的与生物有关的职业：大地的美容师——园艺师。之后伴随着优美舒缓的音乐，大屏幕展示出一幅画面：五颜六色的花朵竞相开放，每一朵花中有一张可爱的笑脸。并寄语学生：鲜花是绚丽夺目的，园艺师是辛勤高尚的。有人曾把教师比喻成辛勤的园丁，同学们就是那美丽的花朵。在这里，老师衷心地祝愿同学们未来的人生像鲜花一样美好，并在学业上结出丰硕的果实。	根据本节所学知识回答教师提出的问题。 认真阅读，进一步认识到园艺师这一职业的崇高和伟大。
小结及布置作业	带领学生小结本节课的主要内容。 布置课后作业。	回顾本节课的主要内容。

三 案例评析

（一）直观感受，激趣引入

【镜头回放】

※ 直观感受，激趣导入 ※

引导学生观看有关花的图片和影片，并提出问题：大家喜欢花吗？能不能说说理由。

分享对花的看法之后，用两个问题激发学生一起探讨开花和结果的奥秘。

（1）大家有没有想过开花对植物本身具有什么意义呢？

（2）如果你连续观察花开花谢的过程，就会发现，许多花在凋谢以后，会在花着生的位置出现小小的果实。那大家想不想弄清花究竟是怎样变成果实的呢？

下面就让我们一起来探索开花和结果的奥秘吧！

【设计意图】

激趣导入，引起学生的好奇心，由此进入新课的学习。

【品析小结】

虽然我们可以在生活的周边见到各种美丽的鲜花，但只有唯美逼真的影视图像才能引起学生的赞叹，在这种注意力集中的状态下及时追加问题，能够使学生产生认知冲突，进而更好地将学生带入探究科学奥妙的情境中。

（二）运用解剖观察的方法，探究花的结构

【镜头回放】

※ 引导探究花的结构 ※

先不讲解花的结构，引导学生以小组为单位，运用解剖观察的方法，探究花的各部分结构，结合以下四道题进行讨论总结：

（1）试一试，将桃花的各部分结构名称对号入座。

（2）说一说，你们小组是如何观察和解剖花的？认识了花的哪些结构？

（3）议一议，对于植物繁衍后代来说，花的哪些结构是最重要的？

（4）猜一猜，花的哪一部分最终会发育成果实？

师生共同归纳出花的基本结构。

教师补充知识：单性花和两性花。

提出问题：从开花到结果还要经历哪些过程呢？

【设计意图】

根据学生对花的结构已有的知识储备，在进入新课内容“花的结构”的教学时，将教材上的验证性实验变为探究性实验，既可突出教学重点，又可培养学生的观察、实践和探究能力。

【品析小结】

生物课程标准将“探究性学习”列为课程理念之一，重视激发学生的主动性和创新意识。这样的设计不仅能够帮助学生掌握知识，而且能够使学生充分体验到发现的乐趣，同时，在合作精神、观察能力、动手能力、运用生物学知识与方法分析和解决实际问题的能力等方面也能得到发展。

（三）情境表演，演绎传粉过程

【镜头回放】

※ 情境表演，演绎传粉过程 ※

组织学生表演课前编好的小寓言——天生我材必有用。

教师：（表演结束，提出问题）精彩的表演看完了，你从中了解到哪些传粉的相关知识？

师生共同归纳出传粉的概念和传粉的方式。

【设计意图】

在这一环节的教学设计上，由于“传粉”这部分内容较为简单易懂，为了增强学生的参与意识，发挥学生的表演才能和语言表达能力，在课前师生共同将这部分内容编写成一个小寓言——天生我材必有用。

【品析小结】

将生物学知识与文学、艺术相联系，通过这种恰如其分、惟妙惟肖的表演形式，活跃课堂气氛，有利于学生对生物知识的理解，加深印象；同时，也有利于培养学生的主体意识和自我教育能力。由于七年级学生的自我控制力不强，一旦兴奋起来，就不能很好地自我约束，有可能会把这样的活动当成嬉闹，课堂纪律会因学生的兴奋而混乱。因此，教师应注意活动中课堂纪律与秩序的管理。

（四）播放动画，突破难点——受精过程

【镜头回放】

※ 电脑动画，突破难点（受精过程）※

教师完整播放一遍受精过程的动画。

学生认真观看受精过程的动画。

教师分步骤播放动画，并提出问题让学生快速抢答。最后请一位学生完整地描述一遍受精的全过程。

【设计意图】

被子植物的“受精”这部分知识内容较为抽象，是本节课的难点。用形象生动的动画帮助学生理解受精这一抽象的生理过程，并通过快速抢答活跃课堂气氛，让学生描述受精的全过程，既可以很好地突破难点，也培养了学生的口头表达能力。

【品析小结】

让学生看动画，使学生看到平时看不到的生命现象，这样容易吸引他们的注意力，激发学习兴趣和求知欲望。通过这种新颖、生动的动画形式，把学生观察不到的微观过程变为能够直接观察的宏观过程，把书本上文字描述的静态过程变成动态过程，促使学生由被动地接受新知识转变为通过观察和思考，主动地探索新知识，在愉快的环境中获取知识，从而突破教学难点。

（五）对比分析，趣味练习，总结升华

【镜头回放】

※ 对比分析，讲解果实的形成 ※

教师将“花的子房与果实”的对照图展示于大屏幕上，让学生对比分析。

教师：受精过后，花瓣、雄蕊以及柱头、花柱都完成了历史使命，“光荣下岗”了，只有子房进一步发育成了果实。那么，桃花将来发育成的果实是什么？请同学们将子房的三部分结构与果实的结构对号入座吧。

学生：那一定是子房壁→果皮，胚珠→种子，受精卵→胚。

教师：在大家的共同努力探索下，我们终于从“春华”看到了“秋实”。看来被子植物要想繁殖后代还真不是一件容易的事，就像你们要想在学业上取得优异的成绩，也要付出加倍的努力，两者是同样的道理。

教师：（利用关于花生的小谜语由浅入深地将书本知识与生活实际紧密结合，让学生在轻松的氛围中理解和消化所学知识。引导学生阅读课后的与生物有关的职业：大地的美容师——园艺师。之后伴随着优美舒缓的音乐，大屏幕展示出一幅画面：五颜六色的花朵竞相开放，每一朵花中有一张可爱的笑脸）鲜花是绚丽夺目的，园艺师是辛勤高尚的。有人曾把教师比喻成辛勤的园丁，同学们就是那美丽的花朵。在这里，老师衷心地祝愿同学们未来的人生像鲜花一样美好，并在学业上结出丰硕的果实。

【设计意图】

对比分析、趣味练习，能更好地让学生理解“果实的形成”，并对“开花→结果”有一个完整的认识，印象深刻，同时自然地渗透情感态度与价值观教育。

【品析小结】

由浅及深，层层推进，将知识与生活实践紧密结合，让学生在轻松的氛围中理解和消化所学知识，恰当地将学生与本节内容进行类比，并以此对学生提出希望，很好地达成了情感目标。

四 教学反思与建议

本节课有四大亮点：第一，通过各种美丽的花的图片很好地激发了学生的学习兴趣；第二，将教材上的验证性实验变为探究性实验，引导学生以小组为单位，运用解剖观察的方法，探究花的各部分结构，既突出了教学重点，又培养了学生观察、实践和探究的能力；第三，对于传粉概念的学习，虽然比较简单，但没有一笔带过，而是通过寓言小故事的形式完成，这样能更好地提高学生的表达能力；第四，通过电脑动画的形式化抽象为形象，突破本节课的难点——受精过程。另外，本节课注重课堂语言艺术的凝练和生动，让学生在优美的语言中感悟花的美丽，养成爱护花的习惯，珍爱身边的一草一木，从而同步实现情感目标。

建议：如果条件允许的话，多进行一些野外见习，效果会更好。

五 课标在线

《标准》倡导通过形式多样的活动，将科学知识、科学思想、科学方法、科学精神、情感态度与价值观的教育内化为受教育者的科学素养。

活动课是新课程结构中的三大板块之一，其目的是扩大学生视野，增长才干，发挥想象力及创造力，培养综合能力，发展个性特长，使学生能够主动地得到全面和谐的发展。在活动课中坚持趣味性与知识性、实践性相结合，具有较强趣味性的学习内容最易诱发学生的学习动机。坚持活动课与道德的养成、美的陶冶相结合，活动课用生动的形式、丰富的内容和潜移默化的手段，强有力地影响人的思想感情和精神面貌。坚持校内与校外相结合，坚持学生的自主性与教师的主导性相结合。在活动中，教师的适时参与和引导对于达成高质量的活动成效是至关重要的，教师要有意识地对活动的各个环节质疑，以激活学生的思维。但是应充分地让学生自由、积极、主动地参与到活动课中，成为课堂的主导。

为了充分发挥生物活动课在素质培养中的优势，在活动实施方案上要有周密的考虑。因此，在实施过程中要注意以下几点：

（1）根据实际情况选择最佳的活动形式、时间、地点，制定出周详的活动计划；

（2）根据活动内容，“以学生为本”，选取合适的组织形式，力求形式丰富，以培养学生多方面的素质；

（3）教师要在活动中一些容易导致错误、出现消极因素的环节上给予指导性建议；

（4）活动过程中，指导教师要及时总结活动情况，鼓励、表扬表现好的同学，与学生共同分析消极因素，确保整个活动顺利完成；

（5）活动之前，让学生制订自己的活动计划，并在活动中进行相关记录，最终生成活动报告等。

六 活动与检测

陶行知先生说：“学生有了兴味，就肯用全副精神去做事体，所以“学”和“乐”是不可分离的。”生物学的实践性和趣味性比其他学科都强，利用各种形式的活动进行教学是生物教学的新课题，即活动教学。所谓活动教学，就是要求教师在教学中，根据学生的心理特征和现有生活经验充分挖掘生活中的热点，并将其融入生物课堂，如角色扮演、社区调查、游戏竞猜、拼图游戏等，让学生在活动中学习，在快乐的氛围中学习，这样既能充分调动学生的各种感官，提高分析、解决问题的能力，又能将静态的生物知识动态化，从而激发学生的求知热情。

生物活动课的内容应根据学生的心理水平、知识水平、技能水平、社会生活及学校条件等因素来确定。一般情况下，生物与自然、生物与社会、生物技术、生物学发展是确定生物活动课内容的重要基础，如蜘蛛结网、鸟类筑巢、植物与我们的生活、环境污染、杂交水稻技术、食用菌的培育、达尔文的科研道路、生长素的发现等都可作为生物活动的主题。活动课的类型也是多种多样的，可以设计探究实验，也可以到野外考察；可以制作各种模型，也可以进行演示表演；可以养殖动植物，也可以参加社会宣传活动，如植树节、爱鸟周等。

总之，活动教学在生物教学中效果显著，但活动教学也存在一定的困难。作为生物教师，你认为应该如何更好地开展生物学活动课的教学工作?

七 课外阅读与拓展

1. 张改玲 .“开花和结果”一节的教学 [J]. 生物学教学，2009（5）.

2. 周红秀 .“开花和结果”教学设计 [J]. 山西教育（初中版），2011（6）.

3. 倪丹 . 让活动教育丰富新课程背景下的生物课堂 [J]. 科教文汇，2007（26）.

4. 徐文学，孙明瑜 . 浅谈生物教学与生物活动课 [J]. 延边教育学院学报，2008（4）.

5. 中教网 .http://www.teachercn.com.

6. 第二教育网 .http://www.dearedu.com.

案例 6 充分利用本土课程资源进行生物教学
——“水分进入植物体内的途径”案例分析

一 案例背景

本节课是人教版生物学七年级上册第三单元第三章第二节“水分进入植物体内的途径”的内容，包括两部分：根适于吸水的特点；水分的运输途径。第三章的重点是第三节“绿色植物参与生物圈的水循环”，这也是《标准》中的内容目标之一。在前一节介绍完“绿色植物的生活需要水”后，本节介绍植物通过根吸收水分、根吸收的水分通过导管运送等内容，为第三节的学习做好知识储备。

在日常生活中，学生对于植物生长中出现的一些现象有一定的认识，且在前面的“植物体的结构层次”的学习中已经认识了根尖的结构和输导组织中的导管，对学习本节内容有一定的基础。因此，可以利用学生已有的知识——植物通过根吸水，引起学生探索植物根吸水的具体部位的兴趣，从而通过观察、比较、讨论和体验等探究方法，在教师的引导下，比较轻松地完成学习目标。

【教学目标】

（一）知识目标

（1）说出大量根毛对植物吸水的意义；

（2）说出茎的结构和各部分的作用；

（3）说出水在植物体内的运输途径。

（二）能力目标

运用有关绿色植物吸收水和运输水的器官特点知识，解释生活和生产中的相关现象。

（三）情感目标

（1）体验根据现象分析原理的快乐；

（2）养成保护生物、热爱自然的良好习惯。

【教学重难点】

（一）教学重点

（1）大量根毛对植物吸水的意义；

（2）水分进入植物体内的途径；

（3）解释生活和生产中的相关现象。

（二）教学难点

（1）水在植物体内的运输途径；

（2）从生物圈水循环的高度认识大量根毛吸水的意义。

二 教学过程

教学过程

教学内容	教师活动	学生活动
创设情境，提问导入	引导学生展示课前收集到的因缺水而引起变化的植物的图片或实物。 提问： （1）植物因几天没浇水而萎蔫，如果要让萎蔫的植物恢复正常，应该怎么做？ （2）浇水时，应该把水浇在什么地方？ （3）我们看到的是植物的叶子、花朵缺水，而为什么是在根部浇水呢？ 在一系列的追问之后引入本节课的课题。	展示课前收集到的图片、实物，进行观察与思考，结合生活经历回答教师提出的问题。
根适于吸水的特点	首先让学生整体感知本节课的内容，再引导学生猜想水分进入植物体内的途径，师生共同确认。 展示水分进入植物体内的动态CAI课件（或自制投影片），引导学生快速浏览本节课的内容。 （1）根适于吸水的特点。 将课前培养好的已经长出根毛的幼根发给学生观察，并引导学生阅读教材上的“观察与思考”，四人为一组讨论思考题：大量根毛对植物吸水有什么意义？ 引导学生根据常识大胆猜想探究，通过小组间的表达、交流和课外小组的学生发言，共同确认根适于吸水的特点。	学生迅速浏览教材，概括出本节课的主要内容，对本节课的内容进行整体感知。 阅读，小组内讨论和交流。 课外小组的学生发表自己的观点。 阅读、观察、讨论和交流，确认根适于吸水的特点。

（续上表）

教学内容	教师活动	学生活动
根适于吸水的特点	（2）从生物圈水循环的高度认识“大量根毛吸水的意义”。 引导学生从生物圈水循环的高度来理解“大量根毛吸水的意义”。 提出问题，启发学生思考。	讨论后，在小组间进行交流。理解根吸水实际上等于参与了生物圈中的水循环。
水分运输的途径	（1）茎的结构。 播放茎的结构CAI课件或投影片，引导学生讨论并归纳出茎的结构。 分发给学生两人一段植物纵剖开的茎，并引导学生认真观察，联系俗语和日常生活经验，初步了解茎的结构。 参与学生的讨论，引导学生小组合作学习，获得知识。 （2）茎各部分的作用。 指导学生看书自学，并提出问题，引导学生解决问题。参与小组间合作学习，引导学生归纳出导管、筛管和形成层的作用。 对需要帮助的学生进行个别辅导。 （3）探究导管是水分在茎内的运输途径。 引导生物课外活动小组的学生讲述自己与教师一起参与制作“木质部已变红的植物茎”的过程，以及对观察到的现象的思考和分析。 教师分发已变红的植物纵剖开的茎。 引导学生阅读教材第111页的“观察与思考”，确认导管是水分在茎内的运输途径。 展示水分进入植物体内的动态CAI课件或投影片、“木质部已变红的植物茎”实验的CAI课件或投影片。 参与学生讨论，确认导管是水分在茎内的运输途径。	观看CAI课件或投影片，讨论、交流并归纳出茎的结构。 观察、思考、讨论，进行小组合作学习。 阅读教材第111~112页的三个自然段，小组讨论和交流，归纳出导管、筛管和形成层的作用。 课外活动小组的同学与大家一起分享自己的结论。 阅读“观察与思考”，观看CAI课件或投影片，讨论交流，确认导管是水分在茎内的运输途径。

（续上表）

教学内容	教师活动	学生活动
课堂小结	问题：学完了本节课，你获得了哪些知识？具备了什么能力？ 引导学生小结本节课的内容，归纳总结出诗句：植物吸水有绝招，亿万根毛齐参与。导上无水筛下有，外皮内质形成中。	思考教师提出的问题，并说出本节课在知识和能力两方面的收获。 回顾本节课的主要内容。
课堂练习	课堂达标检测： （1）竹是草本植物。张明向老师提了一个问题：小学五年级时，他在家门口的竹园中选定了一株竹，在离地一米处量其周长，并让家人不要砍伐。如今已三年了，他再次测量这株竹的周长时发现，其没有多大变化，请你帮老师向他说明一下原因。 （2）准备移栽的茄子秧、黄瓜秧，根部总是带着一个大土砣，这是为什么？	根据本节课所学的知识完成练习。

三 案例评析

（一）创设情境，提出问题，引发思考，导入新课

【镜头回放】

※ 创设情境，提问导入 ※

学生展示课前收集到的因缺水而引起变化的植物的图片或实物。

教师提出问题：

（1）植物因几天没浇水而萎蔫，如果要让萎蔫的植物恢复正常，应该怎么做？

（2）浇水时，应该把水浇在什么地方？

（3）我们看到的是植物的叶子、花朵缺水，而为什么是在根部浇水呢？

学生进行观察与思考，结合生活经历回答教师提出的问题。在一系列的追问之后引入本节课的课题。

【设计意图】

让学生在分享劳动成果时，创设情境，提出问题，引发思考，从而加深理解

水对植物的重要性，自然引入新课。

【品析小结】

如此导入新课，既检验了学生课前的准备情况，又能贴近生活，利用本土课程资源创设情境，调动学生的情绪，激发学生的学习欲望。

（二）自主学习，分组讨论，大胆猜想，整体感知本节课的内容

【镜头回放】

※ 根适于吸水的特点 ※

教师用鼓励性的语言引导学生四人为一组，大胆结合已有的经验和知识猜想“水分进入植物体内的途径”，在小组间相互表达和交流的基础上，概括出水分进入植物体内的大体途径。

展示水分进入植物体内的动态 CAI 课件（或自制投影片），引导学生快速浏览本节课的内容，对本节内容进行整体感知。

【设计意图】

通过交流讨论、课件展示、浏览教材内容，达到让学生整体感知本节课的内容的目的。

【品析小结】

鼓励有根据的猜想，能够培养学生的创新精神；整体感知学习内容，能够使学习的目的性更加明确。

（三）提供本土资源，引导学生观察，共同探讨根适于吸水的特点

【镜头回放】

（1）根适于吸水的特点。

教师将课前培养好的已经长出根毛的幼根发给学生观察，并引导学生阅读教材上的“观察与思考”，四人为一组讨论思考题：大量根毛对植物吸水有什么意义？

通过小组间的表达、交流和课外小组的学生发言，共同确认根适于吸水的特点。

教师引导学生根据常识大胆猜想探究并认真观察思考。

教师引导学生观察讨论，确认根适于吸水的特点。

教师引导学生阅读讨论，确认根适于吸水的特点。

（2）从生物圈水循环的高度认识“大量根毛吸水的意义”。

教师：“大量根毛吸水的意义”与生物圈中的水循环有什么关系？（启发学生思考，引导学生从生物圈水循环的角度来理解根吸水的意义。）

学生进行小组讨论和交流后，明确了根吸水实际上等于参与了生物圈中的水循环。

【设计意图】

实物观察，让学生从感性认识中获取知识。

【品析小结】

课外小组成员在参与教师培养“长出根毛的幼根”的过程中，锻炼了动手能力。而在课堂的讲述中，既培养了学生的语言表达能力，也让其他学生在观察实物、聆听发言中，进行更加深刻的思考与讨论。

（四）结合图片、联系生活，通过合作学习明确茎的结构与作用

【镜头回放】

※ 水分运输的途径 ※

（1）茎的结构。

教师引导学生联系俗语和日常生活经验，并观看教师制作的茎的结构 CAI 课件，通过讨论、归纳以及小组间的交流，让学生初步了解茎的结构。

教师引导学生小组合作学习，获得知识。

教师展示 CAI 课件，参与学生的讨论和归纳。

（2）茎各部分的作用。

对于学生水平较高的班级，学生可以自学，教师提出问题，并在教师的引导下解决问题。通过同学间的交流，归纳出导管、筛管和形成层的作用。教师指导学生自学看书，参与小组间的合作学习。

教师对需要帮助的学生进行个别辅导，起到指导者的作用。

【设计意图】

由俗语和日常生活经验引起学生的兴趣，从而引导学生初步了解茎的结构，并指导学生通过合作学习将结构与功能联系起来，明确茎各部分的作用。

【品析小结】

将生活与知识相联系，能够使学生运用所学知识解释生活中的现象，自学与合作学习充分发挥了学生的主动性，营造了一个轻松的学习氛围，也有效提高了课堂教学效率。

（五）再次提供本土资源让学生观察，得出结论

【镜头回放】

（3）探究导管是水分在茎内的运输途径。

教师先让生物课外活动小组的学生讲述自己与教师一起参与制作“木质部已变红的植物茎”的过程，以及对观察到的现象的思考和分析。然后分发已变红的植物纵剖开的茎，引导学生边观察边小组讨论教材第111页的“观察与思考”中的四个问题。

教师展示课件或投影片，参与学生讨论，最后师生共同归纳，得出结论：导管是水分在茎内的运输途径。

【设计意图】

让学生参与探究实验，强化实验探究能力，利用本土资源让学生在观察与讨论中得出结论，提高学生的观察能力。

【品析小结】

教师带领部分学生课前参与实验过程，既避免了在课堂上时间与空间的限制，又能巩固学生课内所学的生物学知识与技能。在分享与分析的过程中锻炼学生的表达交流能力，并有可能引发新的思考。

（六）以小诗的形式进行归纳总结，帮助学生记忆，并及时进行达标检测

【镜头回放】

※ 课堂小结 ※

教师：学完了本节课，你获得了哪些知识？具备了什么能力？

学生思考教师提出的问题，并说出本节课在知识和能力两方面的收获。

教师：（引导学生小结本节课的内容，归纳总结出诗句）植物吸水有绝招，亿万根毛齐参与。导上无水筛下有，外皮内质形成中。

【课堂达标检测】

（1）竹是草本植物。张明向老师提了一个问题：小学五年级时，他在家门口的竹园中选定了一株竹，在离地一米处量其周长，并让家人不要砍伐。如今已三年了，他再次测量这株竹的周长时发现，其没有多大变化，请你帮老师向他说明一下原因。

（2）准备移栽的茄子秧、黄瓜秧，根部总是带着一个大土砣。这是为什么？

【设计意图】

小结成诗，帮助学生记忆；联系生活，将理论与实践相结合，让学生学会用所学知识解释生活中的一些现象。

【品析小结】

在课堂总结时采用诗歌的形式将本节课的重点内容概括出来，加深学生对本节知识点的记忆；课堂精选的检测题与本节内容紧密联系，学以致用。

四 教学反思与建议

本节课通过课前的精心准备，引导学生学会利用一些本土课程资源进行学习，而且通过课前实验提高了学生的动手能力，同时让学生初步了解相关的内容，为学习“根适于吸水的特点”做好准备。在课前准备中，学生会产生疑问：茎中变红的部分是什么结构？与茎运输水分有关系吗？让学生带着问题来学习，

能收到比较好的学习效果。在教学过程中，通过课外小组成员讲述参与教师课前准备实验的亲身体验，激发了学生的学习欲望，在小组合作学习中体现了学生学习的主体性和自主性。最后把课堂总结概括成诗歌的形式能很好地统摄本节的内容，达成教学目标。值得注意的是：第一，事先要培养好长出根毛的幼根；第二，准备好木质部已变红的植物纵剖开的茎等。

五 课标在线

广泛利用社区的课程资源，包括社区的图书馆、博物馆、展览馆、动植物标本馆、动物园、植物园、少年宫、科技馆、高等学校、科研机构、良种站、养殖场等以及周围的自然环境。

社区是学生的生活环境，也是学生的学习环境。社区中存在着很多生物课程资源。

充分利用社区图书馆的图书资源可以弥补学校图书资源的不足。

博物馆常常陈列、保藏自然标本，是科学技术、文化的传播机构和科学研究的场所。各地自然博物馆的馆藏标本中就有大量的动植物、古生物与古人类的标本，这些标本在揭示自然发展、生物进化和生物多样性方面具有重要作用。

动植物标本馆则是生物标本陈列、保藏的专门场所。多数动植物标本馆建立在高等院校以及部分中等学校。各地科技馆、少年宫也常常建有专项标本馆，如蝴蝶馆、昆虫馆等。

动物园、植物园以及普通的公园中收集、饲养或种植、引种了大量的动植物。各地海洋公园、龟鳖馆、水族馆和农村的养殖场、良种站、实验田等都是生物课程的社区资源。

自然保护区能够完整地保存自然界的本来面目，堪称生物物种的天然“资料库”和“基因库”，是生物课程资源的重要组成部分。广阔的自然界更是生物教学的“天然实验室”，依靠自然界可以开展许多探究活动。

社区中的人力资源（和生命科学相关的科学研究人员、实验技术人员、生产实践人员等）也是生物课程资源，对学生开展探究活动具有指导意义。

可供利用的课程资源还有学生家庭。教师在教学过程中可以让学生充分利用家庭中的用具、材料、图书资料等开展相应的活动。

六 活动与检测

每个地区都有自己的特色资源，教师可以通过综合实践活动使学生走进生活，在劳动实践中提高学习能力，通过了解自己家乡的特色资源，增强热爱家乡的情感。例如，可以通过开展综合实践活动，让学生通过探究、调查、访问、考察、操作、服务等形式将课堂所学习的理论知识延伸到大自然、生活和社会中去，让学生学以致用，开阔视野。

潮汕地区特色鲜明，课程资源丰富，如潮州市凤凰镇的凤凰茶、潮汕中草药等珍贵动植物，这为生物校本课程的开发与实施提供了丰富的资源。作为一名生物教师，你将如何创造条件，充分利用本土资源，丰富生物课堂？

七 课外阅读与拓展

1. 江勇利．“情境—问题—探究”教学模式有效尝试——“水分进入植物体内的途径”一节探究性教学设计与实践 [J]. 中学生物学，2009（1）.

2. 汤晓梅．“水分进入植物体内的途径”的教学设计与随想 [J]. 生命世界，2010（10）.

3. 李雄军．“水分进入植物体内的途径”一课的探究教学 [J]. 生物学教学，2005（12）.

4. 孙艳．家庭课程资源在生物教学中的作用 [J]. 考试周刊，2010（6）.

5. 中国教育出版网 .http://www.zzstep.com.

6. 中学学科网 .http://www.zxxk.com.

7. 中国生物网 .http://35mh.com.

8. 中国生物信息网 .http：//biosino.org.

案例 7 重视生命教育，关注人类健康
——“青春期”案例分析

一 案例背景

本节课是人教版生物学七年级下册第四单元第一章第三节“青春期”的内容，包括两部分：青春期的身体变化；青春期的心理变化及其卫生。由于现在学生的发育提前，把青春期的内容安排在七年级确有必要。但是，青春期的内容非常多，远不是一节课就可以解决的，因此教材只选取最基础的内容，且采用图文结合的形式组织有关青春期的身体变化以及遗精和月经等内容，通过对生活中某些场景的描述，体现青春期的一些心理变化，引导学生思考应该如何健康地度过青春期。学生已经在前面一节“人的生殖”了解了生殖系统，在此基础上学习本节内容，科学地认识青春期生长发育过程中的一系列重要变化，科学地掌握青春期的自我卫生保健以及正确疏导青春期心理波动的方式、方法和途径，使学生健康地度过人生的金色年华。

七年级下学期的学生，有一部分人已经进入青春期了，他们不仅充满了朝气与活力，内心还有很多迷惑，他们渴望获得青春期的知识，但多数不能通过正常渠道获得，又羞于和老师、长辈沟通，更多的时候是同龄人在一起私下交流，很多问题他们似懂非懂，但又充满好奇。特别是在课堂上学习这一节时，许多学生会出现“不好意思”或“欲问又怕”等心理，因此在这一节课的教学中，教师要特别注意组织教学的形式，引导学生学习，真正达到帮助学生健康地度过青春期的目的。

【教学目标】

（一）知识目标

（1）描述青春期的发育特点；

（2）举例说明青春期的主要生理变化及心理变化。

（二）能力目标

通过讨论和交流，提高学生自我保健的能力、与人合作及交流的能力。

（三）情感目标

通过讨论和交流，关注自己和同学的身心变化，共同健康地度过青春期。

【教学重难点】

（一）教学重点

（1）青春期的发育特点；

（2）青春期的主要生理变化及心理变化。

（二）教学难点

正确处理青春期的自身变化，健康度过青春期。

三 教学过程

教学过程

教学内容	教师活动	学生活动
新课导入	导言：青春是美好的，青春是快速生长的，青春又是个多梦的季节，她让人充满幻想、憧憬，又让人产生困惑、自卑、不安、焦虑等心理问题，怎样才能健康地度过青春期呢？让我们一起来探讨一下！ 问题：说到青春期时，你想到了什么？	说出一些关于青春的诗词、歌曲等，如诗歌《青春的诗》、歌曲《青春啊青春》、电视剧《不能说的秘密》等。
感知青春期	让学生知道青春期的年龄界限，提出下面几个问题展开本节课的学习： （1）女孩所经历的变化； （2）男孩所经历的变化； （3）青春期的生理卫生保健； （4）青春期心理的变化； （5）青春期你所关心的问题； （6）青春期的自我保护。 出示电视剧《家有儿女》中刘星的扮演者张一山不同年龄段的照片，让学生说一说其在电视剧第一部和第四部中外貌发生的一些明显变化。 引导学生通过观察和回忆，结合自身经历或其他途径，各小组进行充分的交流，说一说自己所知道的青春期的男、女同学身体会发生的变化，并把讨论的结果写出来。 播放关于青春期男孩和女孩的视频。	观察，说出张一山的一些变化。 讨论、交流，记录讨论结果。 认真观看视频。

（续上表）

<table>
<tr><th>教学内容</th><th>教师活动</th><th>学生活动</th></tr>
<tr><td>认识青春期</td><td>1. 青春期男孩和女孩经历的变化
引导学生各自在笔记本上写出青春期男孩和女孩在身体上的变化。
引导学生归纳出男孩和女孩进入青春期之后在身体上的变化。
强调：青春期的显著特点——身高突增；神经系统功能增强；心脏、肺等功能明显增强；性器官迅速发育，男孩出现遗精，女孩出现月经。
2. 青春期的生理卫生保健
出示问题，引导学生进行小组讨论并回答：（男生讨论第一个问题，女生讨论第二个问题）
（1）什么叫遗精？是不是思想不好才会遗精呢？多久遗精一次才算是正常的？
（2）来了月经后可以上体育课吗？月经来临的时候肚子痛怎么办？
根据学生的回答，给予适当的评价，同时也要给出一些不同的意见。
播放视频，让学生思考男生为什么会遗精，遗精究竟是怎么一回事？女孩的月经周期又是怎么回事？
引导学生正确对待青春期身体上的变化，悦纳自我。
3. 青春期的心理变化
引导学生进行小组讨论：处在青春期的男孩和女孩心理有什么样的变化？
请课前参加排练的学生表演小品，表现在青春期独立性格的形成过程中出现的矛盾心理。
小品表演结束后，就两个方面展开讨论：一方面以孩子的语气，站在学生的立场上陈述学生的心理状态，让学生分析其中的一些不足；另一方面，引导学生站在家长的立场上，分析发生在他们之间的矛盾。
引导学生归纳出青春期的男孩和女孩心理的变化。</td><td>自主学习，在笔记本上写出青春期男孩和女孩在身体上的变化。
归纳男孩和女孩进入青春期之后在身体上的变化。
思考讨论问题。
回答问题。
观看视频，引发思考。
小组讨论，合作学习。
参演学生表演小品，其余学生观看小品。
归纳出青春期的男孩和女孩心理的变化。</td></tr>
</table>

（续上表）

教学内容	教师活动	学生活动
认识青春期	**4. 青春期你所关心的问题** 出示课前所了解的学生比较关注的几个问题： （1）自己个子长得矮小受嘲笑怎么办？ （2）自己身体长得太胖怎么办？ （3）自己脸蛋长得不好看，能整容吗？ （4）怎样和异性正确交往呢？ 引导学生发表自己的看法，总结出：青春是美好的，在这个时期我们就像毛毛虫一样，要蜕变成蝴蝶，因此，我们要悦纳自我。	发表自己的看法。
正确对待青春期	**1. 养成健康的青春期的生理卫生习惯** 通过一个发生在体育课上的真实小故事，让学生发表自己的一些看法。（做好课堂出现冷场或起哄情况的准备，注意及时调控。） 上课铃响了，全班大部分同学跑到操场上集合，开始做预备活动。只有两名女生还在慢慢腾腾、磨磨蹭蹭地走出教室，来到操场的边上。这时，一个调皮的男生指着她俩喊：“老师，她俩又在偷懒。”他这一喊，引起了全班同学的哄堂大笑，那两位女生顿时变得满脸通红…… 听完这个小故事，我想每位同学的心里都会产生一些想法，你有没有勇气把你的想法说给大家听听。 引导学生说一说在青春期应该养成哪些健康的卫生习惯，鼓励学生多说，教师最后作补充。 **2. 青春期的自我保护教育** 举办一个小活动：假如是我，让学生说一说应该怎么办？	发表对故事的看法。 说出在青春期应该养成哪些健康的卫生习惯。 说说如果自己是案例里的主人公，你会怎么想、怎么做。

（续上表）

教学内容	教师活动	学生活动
正确对待青春期	案例一：“马路天使”在门口 顾婷走出校门，一眼发现那个陌生男子又在等她。她退到传达室，心里很乱。女同学们总传说校门口有坏人专找女生交朋友。这个人可不像坏人，他文雅、有礼貌，他说自己只是想做她的“哥哥”，保护她，他夸她漂亮。上次，顾婷只是说“没时间”，就仓皇摆脱了。今天他又来了。顾婷心里有一种满足感，莫非自己当真漂亮！和一位“马路天使”这样认识，也很有情调。不过，顾婷又很不安，万一他是一个情场老手呢？万一他是一个玩弄女性的色狼呢？但是他似乎更像是一个陷入单相思的可怜虫，或是一个受人怂恿的傻小子。 顾婷躲在传达室，不知怎么办？ 案例二：吴小锐的苦恼 初一的吴小锐收拾自己的课桌时，发现一件不属于自己的东西——牛皮纸袋。打开一看，是一副男女裸体的旧扑克牌，还有一张字条，上面写着：“小锐兄弟，明天就放暑假了，我们哥仨准备出门逛几天，约你同去。8月4日早上5点在工地废工棚见面。甭带钱，大哥有，就看你能不能逃出你家老太太的手心了。扑克，是送你开心的。”信的最后写道：“你要是来，咱是铁哥们；你要是不来，是窝囊废；你要是出卖人，就等着瞧。”落款是：高一三位大哥。 吴小锐拿着牛皮纸袋，手心沁出了汗…… 归纳总结青春期自我保护的要点： （1）敏锐的识别（全局观察和疑点的再观察）； （2）清醒的判断（是非、真伪、表里、安危、合法非法的总判断，对事件性质的分析，对疑点细节的分析，对当时处境的分析，对事态发展的几种预测）；	

（续上表）

教学内容	教师活动	学生活动
正确对待青春期	（3）理智的自制（对意外钱物的警惕，对拒绝诱惑的勇气，对摆脱困境的信心，对抗拒威胁暴力的决心，对慌乱情绪和鲁莽行为的自我暗示，对自己体力和能力的客观估计）； （4）强烈的自我保护意识（自尊、自爱、自律）； （5）灵活的自卫方式（利用环境保护自己，借用他人保护自己，运用法律保护自己，孤军奋战时策略的选择，其他机智的应变手段）； （6）受害受骗后的自我救护和自我心理疏导。	
健康度过青春期	举出几个名人在青春期的一些成就，引导学生发言："怎样做才能利用好这一人生的黄金时代？" 希望同学们在青春期立下大志，抓紧时间，增强体魄，努力学习，为一生的发展奠定良好的基础，充分利用好人生的黄金时代。	说一说"如何利用好人生的黄金时代"。
布置作业	写一份"青春宣言"。	根据本节课所学知识，完成作业。

三 案例评析

（一）创设问题情境，引出课题

【镜头回放】

※ 新课导入 ※

教师：青春是美好的，青春是快速生长的，青春又是个多梦的季节，她让人充满幻想、憧憬，又让人产生困惑、自卑、不安、焦虑等心理问题，怎样才能健康地度过青春期呢？让我们一起来探讨一下！说到青春期时，你想到了什么？

学生回忆、思考、回答，说出一些关于青春的诗词、歌曲等，如诗歌《青春的诗》、歌曲《青春啊青春》、电视剧《不能说的秘密》等。

【设计意图】

以学生切身的青春期相关问题引入新课，激起学生的学习兴趣，师生共同学习探讨，活跃课堂气氛。

【品析小结】

初一的学生大多数处在12~13岁的青春发育初期，他们对于身体、心理的变化，好奇又不安。教师通过充满激情的语言，将师生共同带入青春的浪漫之中，打开了师生感情的闸门，在师生之间形成共鸣。这种以情激情的引课方式，为本课创造了良好的开端。

（二）视频导学，引发思考，感知和认识青春期

【镜头回放】

※ 感知青春期 ※

教师：青春期的年龄界限是怎样的？

女性青春期多数为11~14岁（平均12岁）起到16~20岁（平均18岁左右），男性则迟1~2年。青春期是从儿童期发展到成年期的过程，是性生理、性心理与生殖能力发育的一个阶段，是身体和情感都会经历很多变化的一个阶段，也是不断探索与尝试的一个阶段。

本节课我们主要围绕下面几个问题来展开学习：

（1）女孩所经历的变化；

（2）男孩所经历的变化；

（3）青春期的生理卫生保健；

（4）青春期心理的变化；

（5）青春期你所关心的问题；

（6）青春期的自我保护。

在座的同学们有的已经步入了青春期，有的即将步入青春期。有人说，青春期是花季，是雨季。把握好这个黄金时期是你一生的成功。那么，怎样才能知道自己进入青春期了呢？首先，我们看看，到了青春期，我们的身体会发生哪些变化。

教师：（展示张一山不同年龄段的照片）相信大家都认识他，《家有儿女》中刘星的扮演者——张一山。他在《家有儿女》的第一部和第四部中外貌发生了哪些明显的变化？

学生：身高增长，有喉结，有胡须。

教师：请同学们通过观察和回忆，也可以说说自身经历或通过其他途径所知道的青春期的男、女同学身体会发生的变化。各小组进行充分的交流，并把你们讨论的结果写出来。

第一组：男生身高大增，长出喉结，长出青春痘。

第二组：女生身高增长快，声音变细了。

第三组：男生的声音变得深沉，有胡须，看起来比较健壮。

第四组：女生乳房发育，臀部变丰满了。

……

教师：除了我们谈到的这些变化，我们看看视频告诉我们男孩和女孩在青春期还会发生哪些变化？

教师播放视频，学生认真地观看视频。

※ 认识青春期 ※

1. 青春期男孩和女孩经历的变化

学生自主学习：学生自己在笔记本上写出男孩和女孩在身体上的变化。学生在进行自主学习期间，若非必要，尽量不要打扰学生的学习；若个别有疑问，交流时一定要小声。

学生合作学习：学生根据需要进行合作学习，解决前面提出的问题，即我们在青春期会发生哪些变化？

师生共同归纳出男孩和女孩进入青春期之后在身体上发生的变化：

（1）女生个子很快长高，声音更加柔美，乳房逐渐隆起，长出阴毛和腋毛，骨盆变宽，体态丰满；

（2）女性出现性的发育：初潮来临，并且月经渐渐有规律；

（3）男生个子很快长高，喉结突起，嗓音变粗，上唇出现胡须，长出阴毛和腋毛，体态健壮；

（4）男性出现性的发育：睾丸、阴茎增大，出现遗精。

教师：（强调）青春期的显著特点——身高突增；神经系统功能增强；心脏、肺等功能明显增强；性器官迅速发育，男孩出现遗精，女孩出现月经。

2. 青春期的生理卫生保健

问题呈现，小组讨论［男生讨论问题（1），女生讨论问题（2）］。派代表来说说看法。

（1）什么叫遗精？是不是思想不好才会遗精呢？多久遗精一次才算是正常的？

（2）来了月经后可以上体育课吗？月经来临的时候肚子痛怎么办？

男生：不是，遗精是正常的生理现象。

女生：那要看情况，如果肚子痛的话就不要上体育课，如果不痛就上体育课。

教师在一边给予适当的评价，同时也要给出正确的建议。

教师：下面我们一起来观看视频，看看男生为什么会遗精，遗精究竟是怎么一回事？女孩的月经周期又是怎么回事，跟大家的见解是否一致？

播放视频。

学生们都非常认真地看，有的学生还在自己的笔记本上记录下来。

教师引导学生正确对待青春期身体上的变化，悦纳自我。

教师：青春期的变化是正常的，是成熟的标志，所以要接纳成熟起来的自己。生理上、心理上有巨大的变化，面对这种变化，同学们开始有了各种行为表现，我们不用感到紧张、害怕，我们可以通过了解自己来过好青春期。

3. 青春期的心理变化

小组讨论：处在青春期的男孩和女孩心理有什么样的变化？

学生：独立意识强，不喜欢父母的唠叨。

学生：爱漂亮，有自己的小秘密，不喜欢跟父母交流，喜欢跟自己的好朋友交流。

学生：会把自己的心事写在日记本上，有时会突然地多愁善感。

……

小品表演：通过表演小品的方式，首先使学生体会到在青春期独立性格的形成过程中所出现的矛盾心理：一方面渴望独立，另一方面又需要父母、师长的关心与爱护。教师可以此为契机展开讨论，力争使学生形成尊重父母、师长的良好品质。同时，可以通过讨论的方式教会学生如何正确地处理自己与父母的关系。在此环节中，教师一方面以孩子的语气，站在学生的立场上陈述学生的心理状态，让学生分析其中的一些不足。另一方面，引导学生站在家长的立场上，分析发生在他们之间的矛盾。通过这样的过程，使学生形成换位思考的习惯。

师生共同归纳出青春期的男孩和女孩的心理变化：

（1）青春期的男女，思维敏捷，感情丰富，富有想象力；

（2）有一定的独立意向，但认识能力不足，同时又渴望得到关心；

（3）进取心强，求知欲望强烈；

（4）喜欢交友；

（5）思想情绪不稳定；

（6）对性知识和异性感兴趣。

4. 青春期你所关心的问题

课前通过调查了解到学生比较关注的几个问题：

（1）自己个子长得矮小受嘲笑怎么办？

（2）自己身体长得太胖怎么办？

（3）自己脸蛋长得不好看，能整容吗？

（4）怎样和异性正确交往呢？

学生1：好好的脸要挨上几刀，太可怕了。

学生2：虽然我不够苗条，可是我是学校的铅球冠军。

学生3：唐代以胖为美，四大美女之一的杨贵妃就是一个胖MM。

学生4：自然美才是最漂亮的，而且人要有内涵才美。

学生5：什么是胖，什么是瘦，根本就没有一个标准。我喜欢我自己。

学生6：交友的数量要有度；女生在交往中举止要端庄、稳重、得体、适度；男生要从容大方；在交往中要掌握空间分寸；双方交流时，语言表达要得体，建立健康的友谊。

教师：青春是美好的，在这个时期我们就像毛毛虫一样，要蜕变成蝴蝶，因此，我们要悦纳自我。

【设计意图】

通过自主学习、合作学习、视频导学、小品表演等多种形式，让学生认识自己，了解自己在青春期的变化，从而正确面对自己和异性的正常生理变化，正确处理自己和异性在青春期出现的问题，达到本节课的教学目标。

【品析小结】

教师给学生充分的时间和空间，利用多种教学形式，让每个学生通过自主学习、合作学习及教师的适时引导，正确感知青春期，认识青春期，体会青春的美好，正确对待青春期身体及心理上的变化，悦纳自我。同时，通过对学生所关心的问题的搜集、交流与讨论，教会学生如何正确处理生活中遇到的具体问题。

（三）通过生活实例，引导学生正确对待青春期

【镜头回放】

※ 正确对待青春期 ※

1. 养成健康的青春期的生理卫生习惯

教师：同学们，通过刚才的自学与交流，我们已经明白了青春期所发生的变化，下面我要给大家讲一个发生在我们生活中的真实的小故事：体育课上发生的

一件事。（做好课堂出现冷场或起哄情况的准备，注意及时调控。）

上课铃响了，全班大部分同学跑到操场上集合，开始做预备活动。只有两名女生还在慢慢腾腾、磨磨蹭蹭地走出教室，来到操场的边上。这时，一个调皮的男生指着她俩喊："老师，她俩又在偷懒。"他这一喊，引起了全班同学的哄堂大笑，那两位女生顿时变得满脸通红……

听完这个小故事，我想每位同学的心里都会产生一些想法，你有没有勇气把你的想法说给大家听听。

学生发表对故事的看法。（略）

教师：以上的同学能大胆地把自己的想法说出来，老师认为这很好，而且同学们的想法都是对的，如果我们在今后的生活和学习中多交流、多理解，那么我们一定会形成一个关系更加融洽、和谐的集体。另外，我还想和大家一起聊聊，在青春期，我们应该养成哪些健康的卫生习惯？

学生发表自己的看法。（略）

教师尽量鼓励同学们自己说，不足的地方再作补充。

2. 青春期的自我保护教育

教师举办一个小活动：假如是我，让学生说一说应该怎么办？

案例一："马路天使"在门口

顾婷走出校门，一眼发现那个陌生男子又在等她。她退到传达室，心里很乱。女同学们总传说校门口有坏人专找女生交朋友。这个人可不像坏人，他文雅、有礼貌，他说自己只是想做她的"哥哥"，保护她，他夸她漂亮。上次，顾婷只是说"没时间"，就仓皇摆脱了。今天他又来了。顾婷心里有一种满足感，莫非自己当真漂亮！和一位"马路天使"这样认识，也很有情调。不过，顾婷又很不安，万一他是一个情场老手呢？万一他是一个玩弄女性的色狼呢？但是他似乎更像是一个陷入单相思的可怜虫，或是一个受人怂恿的傻小子。

顾婷躲在传达室，不知怎么办？

案例二：吴小锐的苦恼

初一的吴小锐收拾自己的课桌时，发现一件不属于自己的东西——牛皮纸袋。打开一看，是一副男女裸体的旧扑克牌，还有一张字条，上面写着："小锐兄弟，明天就放暑假了，我们哥仨准备出门逛几天，约你同去。8 月 4 日早上 5 点在工地废工棚见面。甭带钱，大哥有，就看你能不能逃出你家老太太的手心了。扑克，是送你开心的。"信的最后写道："你要是来，咱是铁哥们；你要是不来，是窝囊废；你要是出卖人，就等着瞧。"落款是：高一三位大哥。

吴小锐拿着牛皮纸袋，手心沁出了汗……

说一说如果自己是案例里的主人公，你会怎么想、怎么做。（略）

教师与学生一起归纳总结青春期自我保护的要点：

（1）敏锐的识别（全局观察和疑点的再观察）；

（2）清醒的判断（是非、真伪、表里、安危、合法非法的总判断，对事件性质的分析，对疑点细节的分析，对当时处境的分析，对事态发展的几种预测）；

（3）理智的自制（对意外钱物的警惕，对拒绝诱惑的勇气，对摆脱困境的信心，对抗拒威胁暴力的决心，对慌乱情绪和鲁莽行为的自我暗示，对自己体力和能力的客观估计）；

（4）强烈的自我保护意识（自尊、自爱、自律）；

（5）灵活的自卫方式（利用环境保护自己，借用他人保护自己，运用法律保护自己，孤军奋战时策略的选择，其他机智的应变手段）；

（6）受害受骗后的自我救护和自我心理疏导。

【设计意图】

通过发生在身边的小故事及案例教学，引导学生说出在青春期应该养成哪些健康的卫生习惯及如何进行青春期的自我保护，有利于学生学以致用。

【品析小结】

通过讲述身边的小故事及组织“假如是我”的活动等案例教学，从学生熟悉的场景入手，课堂气氛很快活跃了起来，学生在讨论时有话可说，学生敞开了心扉，原本难以面对、难以启齿的问题也都可以借助评价剧中的人和事说出来，体现了课堂交流的有效性。

（四）总结升华，引导学生健康地度过青春期

【镜头回放】

※ 健康度过青春期 ※

教师：因为我们正处于身体发育、智力发展的黄金时期，所以要把充沛的精力用到学知识、长才干上。许多有成就的人就是在青春期内打下良好的基础并在青春期内开始取得成就的。著名诗人王勃在 19 岁时写下了《滕王阁序》；李世民在 18 岁时任军队总指挥；马克思在 17 岁时写出了富有哲理的文章——《青年在择业上的考虑》；恩格斯在 19 岁时就学会了 10 种外国语言；列宁在 18 岁时投身俄国革命等。人的一生是短暂的，青春期更是非常短暂的。我们怎样做才能利用好这人生的黄金时代呢？

学生畅所欲言。

教师：希望同学们在青春期立下大志，抓紧时间，增强体魄，努力学习，为一生的发展奠定良好的基础，充分利用好人生的黄金时代。

【设计意图】

当学生对青春期有深入的感知和认识之后，对青春期问题的观察和思考会更加客观全面，这时可引导学生从自身发育的特点来正确对待青春期，健康快乐地度过青春期。

【品析小结】

通过名人在年轻时取得的成就及教师语言的渲染，总结升华，引导学生健康地度过青春期，为一生的发展奠定良好的基础，自然渗透情感教育。

四 教学反思与建议

对于初一学生来说，大多数处在12~13岁的青春发育初期，身体、心理开始迅速发育，对于身体的变化，既好奇又无可奈何；渴望知道，但又无处咨询。心理的变化让他们彷徨不安。所以本节课主要借助多媒体让学生把自己想说的话说出来。在课堂上采用多种形式，如视频、短剧、图片等，来充分调动学生的情绪，从学生熟悉的场景入手，课堂气氛很快活跃了起来，学生在讨论时有话可说，学生敞开了心扉，原本难以面对、难以启齿的问题也都可以借助评价剧中的人和事说出来，在与同学的互助交流中真正地理解了这些变化。这体现了课堂交流的有效性。同时建议将青春期教育延伸到课下及学生的日常生活中。比如学校可以利用橱窗、板报、主题班会和讲座等形式宣传青春期知识等。

五 课标在线

重视生命教育，关注人类健康

所谓健康，就是在身体上、精神上、社会适应上完全处于良好的状态，而不是单纯地指没有疾病或不病弱。对学生进行生命健康教育是当今教育的重要问题，而生物学作为一门研究生命的自然科学，理应承担起生命教育的重任。初中生物教材涉及大量的生命教育，作为生物学教育者，应该将生物知识、技能的教育与学生的生活实际联系起来，让学生在生物学中感受到生命的珍贵、生命的意义，形成正确的价值观、人生观。

教师可以针对学生的年龄特点创设学习情境，也可以让学生自己提出探究的课题开展学习活动，如通过调查研究或实验，认识吸烟、酗酒等不良生活习惯和行为有损自身或他人的健康以及吸毒对自身或他人和社会的危害。

六 活动与检测

学习有关青春期生理和保健、传染病和免疫、医药常识等知识对健康生活有重要意义。如学习“人的生殖”时，可以通过讲解从精子与卵细胞结合成受精卵，再由受精卵发育成胎儿的艰辛与漫长历程，让学生感受到自己是独一无二的，领悟到生命的来之不易，从而珍爱生命；学习“人体生命活动的调节”时，可以结合生活中的例子，让学生认识到感官的重要性，进而养成良好的生活和作息习惯；学习“健康的生活方式”时，让学生进行探究实验或调查，领悟到酗酒和吸烟的危害。此外，常见疾病和传染病及其预防、安全用药常识等都是进行生命健康教育的素材。

生命教育是学生健康成长的迫切要求，教师纯粹的话语并不是生命教育的唯一途径，那么，我们应该如何将生命教育更好地融入生物教学中呢?

七 课外阅读与拓展

1. 张爱峰，魏崇晓 . 案例教学法在中学生青春期卫生教育中的应用 [J]. 现代交际，2012（8）.

2. 杜润芳 . 在初中生物教学中渗透生命教育策略浅谈 [J]. 中学教学参考，2012（14）.

3. 石国亮，鲁慧 . 国外青春期性教育模式及其启示 [J]. 中国青年研究，2008（12）.

4. 金飞燕 . 让阳光照进青春期——浅议青春期性教育之开展 [J]. 职业教育（中旬刊），2013（4）.

5. 蒋平，阳德华 . 农村留守少年儿童青春期性教育的缺失及对策 [J]. 中国青年研究，2008（3）.

6. 教育第三方 .http：//www.3edu.net.

7. 育星教育网 .http：//www.ht88.com.

案例 8　生物教学中渗透 STS 教育

——“呼吸道对空气的处理”案例分析

一　案例背景

本节课是人教版生物学七年级下册第四单元第三章第一节“呼吸道对空气的处理”的内容，本节内容放在人体的“营养”一章之后讲述，为进一步学习下节课“发生在肺内的气体交换”打下基础，做好知识铺垫。本节内容是学生探究本章内容的基础，特别是呼吸系统的组成，这部分内容是贯穿本章的主体，同时对学生探究呼吸系统的卫生保健有非常重要的作用。另外，学生不能直观地看到呼吸道的内部结构，只能通过对图片、文字等资料的分析，探究出呼吸道的结构是与其功能相适应的。教材安排的资料分析和讨论题，能充分调动学生的思维，是学生自主探究的好素材。

初一的学生已具备一定的认知能力，初步具有分析资料、图片的能力；学生已有一定的认知基础，知道人的生命和呼吸作用息息相关，且在剧烈运动时，呼吸会更加急促；大体知道呼吸系统的组成。但是学生对呼吸与生命活动的本质联系认识不清，对各呼吸器官的实际结构与功能了解不深。因此，在课堂教学中要多引用资料、图片，结合运用多媒体，多联系贴近生活的事例，合理安排，才能达到《标准》的要求。

【教学目标】

（一）知识目标

（1）描述人体呼吸系统的组成；

（2）通过分析资料，说出呼吸道的作用，并认识到呼吸道对空气的处理能力是有限的。

（二）能力目标

在“资料分析”的探究活动过程中，锻炼学生提出问题、分析问题和解决问题的能力。

（三）情感目标

（1）认同呼吸道对空气的处理能力是有限的观点，关注空气质量与人体健康的关系，形成自觉维护环境中空气质量的意识；

（2）关注自身的呼吸系统健康，养成良好的生活习惯。

【教学重难点】

（一）教学重点

（1）呼吸道的组成及作用；

（2）预防呼吸道疾病。

（二）教学难点

理解呼吸道对空气处理的能力是有限的。

三、教学过程

教学过程

教学内容	教师活动	学生活动
新课导入	以游戏的形式导入：紧闭嘴巴，注意一定要闭紧，接着用手捏紧自己的鼻子，注意要捏紧。 游戏结束后让学生谈谈自己的感受。 教师小结：呼吸对于我们人体来说是多么重要，我们每时每刻都要进行呼吸。从而进入第三章“人体的呼吸”的学习。 联系生活，说说空气中有哪些东西？ 由“空气中的一些东西并不是我们人体所需要的，所以人体必须对吸入的空气进行处理”引入第一节的学习。	师生一起体验，时间约 15 秒。 自由发言，说出自己的感受。 思考问题，积极作答。
呼吸系统的组成	引导学生阅读教材内容，思考：外界气体是怎样进入我们身体内部的，需要经过哪些器官呢？ 引导学生做深呼吸，感受气体经过了哪些器官。 出示呼吸系统组成图的幻灯片，引导学生根据图片、教材内容及呼吸的生活经验常识完成教材第 43 页的图。 巡查学生的完成情况，并提问学生回答，填补图片空白。	认真阅读课文中关于呼吸系统组成的信息。 做深呼吸，感受气体经过的器官。 观察幻灯片、教材图Ⅳ-25，根据呼吸的生活经验常识，填上组成呼吸道的器官名称。

（续上表）

教学内容	教师活动	学生活动
呼吸系统的组成	引导学生自由发言，说出呼吸系统的组成。 师生小结：通过这个图我们可以看出呼吸系统由两大部分组成，即呼吸道和肺。肺是气体交换的场所，呼吸道则包括鼻、咽、喉、气管、支气管，它们是气体进出肺的通道。	自由发言，说出各自的观点，相互评价，形成统一答案。
呼吸道的作用	指导学生快速阅读教材第44~45页的图片和文字资料，并思考以下两个问题： 问题1：呼吸道有什么结构能保证气流通畅？ 问题2：呼吸道除了保证气流通畅外，还有哪些作用呢？这些作用是如何实现的？（大约2分钟） 接着请学生继续带着这两个问题，一起观看小品《呼吸道家族》，在观看过程中适当记录。 学生表演。（约4分钟） 根据教材的资料以及小品的内容，讨论完成第45页的五道讨论题。 （1）呼吸道有什么结构能保证气流通畅？ 引导学生自身感受（摸摸自己的鼻梁，硬硬的是什么，两边的鼻翼相对较软的是什么），了解呼吸道能保证气流通畅的结构。 出示喉和气管的图片，详细讲解呼吸道各组成部分及功能。 （2）呼吸道除了保证气流的通畅外，还有哪些作用？这些作用是如何实现的？引导学生重点理解为什么要温暖、湿润、清洁的空气，这一过程是如何实现的？ （3）有了呼吸道对空气的处理，人体就能完全避免空气中有害物质的危害吗？举例说明。 引导学生看书，小组讨论相关疾病的症状。 补充：在一些特殊的环境下，我们还得借助一些工具，采取防护措施，比如发生沙尘暴或在剧毒环境中，应该佩戴口罩或防毒面具。另外，通过学习，我们知道了尘肺产生的原因和症状。而一般的口罩无法阻隔小于5 μm的粉尘。那么，同学们想一想，如何将我们所学的科学知识以及先进的技术应用于社会呢？	阅读资料，积极思考问题。 观看小品并积极思考问题，做好观看记录。 认真阅读并讨论问题。 通过问题提示并摸自己的鼻子，得出结论。 结合教材材料，联系生活讨论，得出结论。 小组交流，汇报呼吸系统疾病，如哮喘、尘肺、肺炎等。

（续上表）

教学内容	教师活动	学生活动
呼吸道的作用	（4）痰是怎样产生的，为什么不能随地吐痰？ 引导学生结合生活中感冒咳嗽咳出痰的经历，在教材中找出痰的主要成分是什么？ 请学生回答为什么不能随地吐痰。 （5）北欧的冬天非常寒冷，在那里生活的人和在赤道附近生活的人相比，鼻子的形状可能有什么特点？为什么？ 出示北欧人和赤道附近人的图片，让学生区别（各是哪里人），引导学生总结出两者的鼻子差异。	学生思考问题。 齐读资料“痰的概念”。 回答问题。 观察图片，总结出其鼻子的特点。
知识拓展与提高	组织学生认真阅读观察教材第 45~46 页的文字及图片，并进行归纳总结。 （1）观察“吃饭时大说大笑会呛着”的小漫画，并提出问题，为什么在吃饭时不能大声说笑？ （2）播放 Flash 动画演示吞咽与呼吸的时候，会厌软骨变化的动态过程。 通过漫画和动画引导学生总结出：边吃饭边说笑，吞咽时会厌软骨来不及盖上，食物进入气管，会引起剧烈的咳嗽，严重的还会引起呼吸道阻塞。因此，要养成“食不言”的习惯。 知识拓展与运用：通过一则报道，普及呼吸道异物阻塞家庭急救法。 前段时间报纸上有这样一则报道，山东的范大妈带着 3 岁的孙子去公园玩，在休息的时候，范大妈给他的孙子剥葡萄吃，结果没吃几颗，孙子脸色发紫，两眼流泪，喘不过气来，情急之下，范大妈就想用手把葡萄抠出来，但越是着急就越抠不出来，短短几分钟，刚刚还活蹦乱跳的孙子就死在了奶奶的怀里。之所以会发生这样的悲剧，是因为范大妈不懂得相应的急救方法。 播放视频《呼吸道异物阻塞家庭急救法》。 （3）观察“声带拉紧和松开”的图片，讨论声音发出的原理。	观察课文漫画，阅读相关内容并思考教师的提问。 观看动画，仔细观察会厌软骨变化的动态过程。 观看视频。 学生观察图片并讨论。

（续上表）

教学内容	教师活动	学生活动
知识拓展与提高	出示图片并分析：呼吸时，声带是分开的，而当声带拉紧，中间的空隙缩小，肺部呼出的气流振动声带，就发出声音了。 指导学生通过一个实验来感受声带拉紧和松开。把一只手轻放在嘴巴上，说一句话；再做另一组动作，捂紧嘴巴说同一句话，体会声音是由喉部的声带发出的，它的形成还与气流有关。同时让学生明白大声喊叫不仅是一种噪声污染，而且会引起一些喉部疾病，影响发声，甚至影响呼吸。	参与实验，感受声带的变化。
课堂小结	概括总结本节内容。	回顾本节所学知识。
巩固练习及课外实践作业	以学习小组为单位合作设计一份卫生宣传小报，主题为“呼吸道与健康”。	课后完成作业。

三 案例评析

（一）以游戏导入，激发学习兴趣

【镜头回放】

※ **新课导入** ※

教师：同学们，在上课之前我们先来做一个小游戏：请同学们紧闭嘴巴，注意一定要闭紧，接着用手捏紧自己的鼻子，注意要捏紧。好，准备，开始！

学生体验（教师可与学生一起做），时间约 15 秒。

教师：好，停！有什么感受呢？

学生：很难受，透不过气。

教师：为什么会难受呢？

学生：因为不能呼吸。

教师：是啊，可见呼吸对于我们人体来说是多么重要，我们每时每刻都要进行呼吸。今天我们就进入第三章“人体的呼吸”的学习。

教师：呼吸需要的是氧气，但空气中还有什么？

学生：还有氢气、二氧化碳、氮气……

教师：除了这些气体外还有什么东西？

学生：灰尘和细菌。

教师：这些东西人体并不需要，所以人体必须对吸入的空气进行处理，下面我们一起来探究第一节“呼吸道对空气的处理”。

【设计意图】

用与本节内容紧密联系的小游戏导入，激发学生的学习兴趣。

【品析小结】

该游戏与本节课内容联系密切，通过亲身体验，启发学生思考，唤起学生的学习动机。

（二）直观教学，引导学生亲身感受呼吸过程，突出教学重点

【镜头回放】

※ 呼吸系统的组成 ※

教师：呼吸实际上是人体与外界进行气体交换的过程，那么外界气体怎样进入我们身体的内部，又需要经过哪些器官呢？我们一起来做深呼吸，感受一下气体经过了哪些器官。（教师与学生一起做几次深呼吸。）请一位同学来说一下，你感受到气体要进入身体必须经过什么器官？

学生：鼻。

教师：除了鼻之外还有没有其他的呢？现在请同学们结合教材第 43 页的相关内容完成这个图。（幻灯片出示呼吸系统的组成图。学生独立完成填图，教师巡查，并请一位学生上讲台完成填图。）

师生小结：通过这个图我们可以看出呼吸系统由两大部分组成，即呼吸道和肺。肺是气体交换的场所，呼吸道则包括鼻、咽、喉、气管、支气管，它们是气体进出肺的通道。

【设计意图】

通过引导学生亲身体验，感受呼吸，再通过填图活动，让学生的知识系统化，以达成教学目标。

【品析小结】

让学生亲身体验呼吸过程气体所经过的器官，既活跃了课堂气氛，又提高了学生的学习兴趣，还使得学生对所学知识记忆深刻，可谓“一箭三雕”。而填图活动的实施，既便于教师及时检查学生对知识的掌握程度，又可使学生的知识系统化。

（三）采用形式多样的教学手段，突破教学重难点

【镜头回放】

※ 呼吸道的作用 ※

教师：呼吸道仅仅是气体的通道吗？下面我们要重点探究和学习的是呼吸道还有哪些作用。请同学们带着教材第 45 页第 1、2 两个问题，快速阅读第 44、45 页的图片和文字资料。（大约 2 分钟）

教师：接下来请同学们继续带着这两个问题，一起观看小品《呼吸道家族》，在观看的过程中注意适当记录。

学生表演。（约 4 分钟）

教师：接下来的时间交给大家了，请同学们前后四人为一组，根据教材的资料以及小品的内容，讨论完成第 45 页的五道讨论题。

学生讨论。（约 5 分钟）

（1）呼吸道有什么结构能保证气流通畅？

学生：气管。

教师：气管是呼吸道的器官之一，它们有什么结构可以保证气流通畅？同学们可以摸摸自己的鼻梁，硬硬的是什么？（学生：骨。）两边的鼻翼相对较软的是什么？（学生：软骨。）由此可以看出呼吸道有什么结构能保证气流通畅？

学生：有骨或软骨作支架。

教师：（出示喉和气管的图片）是的，呼吸道都有骨或软骨作支架，能保证气流通畅。除此之外，鼻腔中的鼻毛、黏液，气管内壁上的纤毛和黏液在保证气流通畅方面也有一定功能。

（2）呼吸道除了保证气流的通畅外，还有哪些作用？这些作用是如何实现的？

学生：呼吸道除了保证气流的通畅外，还有使到达肺部的气体温暖、湿润、清洁的作用。

教师：那为什么要温暖、湿润、清洁的空气呢？这一过程又是如何实现的？

学生1：资料2讲到人体的温度一般恒定在37.5℃左右，但外界的温度变化不定，所以必须先温暖一下，不然会使体内器官受损。

学生2：鼻腔内表面的黏膜分布着丰富的毛细血管，血液不停地流动，散发热量，从而预热吸入的冷空气。

学生3：鼻腔内的黏液，还有气管中的黏液，黏液是由腺细胞分泌的，可以使吸入的空气变得湿润。

学生4：空气中有各种灰尘以及细菌，吸入对人体有害。主要是鼻毛和纤毛阻挡、清扫吸入的灰尘和细菌。鼻腔和气管内的黏液粘住和杀灭吸入的灰尘和细菌，使吸入的空气变得清洁。

（3）有了呼吸道对空气的处理，人体就能完全避免空气中有害物质的危害吗？举例说明。

学生：不能完全避免。因为呼吸道对空气的处理能力是有限的。

教师：由于呼吸道对空气的处理能力是有限的，所以当人体受到外界病菌入侵时便会患各种呼吸道疾病。请同学们举例说明。

学生：比如哮喘、肺炎、尘肺。（教师引导学生看书，说出以上疾病的症状。）

教师：以上三种呼吸系统疾病，发病时都直接影响到人体的呼吸，患病时非常难受，严重者甚至有生命危险，为了我们的身体健康，使呼吸道通畅，我们应当怎样做？

学生：保持环境中的空气新鲜、清洁。

教师：在一些特殊的环境下，我们还得借助一些工具，采取防护措施，比如发生沙尘暴或在剧毒环境中，应该佩戴口罩或防毒面具。另外，通过学习，我们知道了尘肺产生的原因和症状。而一般的口罩无法阻隔小于5 μm的粉尘。那么，同学们想一想，如何将我们所学的科学知识以及先进的技术应用于社会呢？

学生讨论，各小组派代表说出自己的方法。教师总结。

教师：在生活中，同学们应该都有感冒、咳嗽的经历，咳嗽咳出的是什么？（学生：痰。）下面我们一起来看讨论题（4）。

（4）痰是怎样产生的，为什么不能随地吐痰？

学生：（齐读资料）纤毛向咽喉方向不停地摆动，把外来的尘粒、细菌等和黏液一起送到咽部，通过咳嗽排出体外，这就是痰。

教师：我们可以看出，痰的主要成分是什么？

学生：是尘粒、细菌、黏液等，所以不能随地吐痰。传染病（如流行性感冒、肺结核、肺炎等）的病原体，都可以通过痰液进行传播。

教师：上学期我们学习了生物对环境的适应，旗形树的树枝长在背风一面是对什么的适应？（学生：对风的适应。）海豹厚厚的脂肪是对什么的适应？（学生：对寒冷的适应。）生活在北欧的人，那里的冬天很寒冷，他们的鼻子可能有什么结构来适应寒冷的冬天？下面请看最后一道讨论题。

（5）北欧的冬天非常寒冷，在那里生活的人和在赤道附近生活的人相比，鼻子的形状可能有什么特点？为什么？

教师出示北欧人和赤道附近人的图片，让学生区别各是哪里人。引导学生总结：与生活在赤道附近的人相比较，北欧人的鼻子显得大一些，鼻腔也相应地长一些，这有利于预热寒冷的空气。

教师：通过以上资料的分析，我们已经知道了呼吸道的作用。不过，呼吸道对空气的处理能力是有限的，因此，保持环境中的空气新鲜、清洁是非常重要的。

【设计意图】

让学生带着问题观看小品，结合小品与讨论题进行合作学习，自主思考与探究，解决问题。然后再通过教师的引导，学生自身感受，结合相关图片，联系生活实际，师生共同讨论，得出结论，以突破教学重难点。

【品析小结】

学生是课堂的主体，授课过程采用学生自主表演和合作学习的形式，而不是照本宣科地传授知识给学生。运用“自主、合作、探究”的教学模式，在生物教学中渗透 STS 教育。

（四）多媒体导学，引导学生进行知识拓展与延伸

【镜头回放】

※ 知识拓展与提高 ※

（1）呼吸与吞咽的关系。

教师：下面我们看这幅漫画，为什么吃饭的时候大声说笑会呛着？

学生观察漫画并阅读相关内容。

教师：刚才《呼吸道家族》里面一个成员讲到，消化道和呼吸道曾因它上了法庭，这是谁？（学生：咽。）其实问题也就出在咽这里，下面我们一起来看一下。

（2）教师播放 Flash 动画演示吞咽与呼吸的时候，会厌软骨变化的动态过程。

引导学生总结：边吃饭边说笑，吞咽时会厌软骨来不及盖上，食物进入气管，会引起剧烈的咳嗽，严重的还会引起呼吸道阻塞。因此，要养成“食不言”的习惯。

知识拓展与运用：普及呼吸道异物阻塞家庭急救法。

教师讲述故事：

前段时间报纸上有这样一则报道，山东的范大妈带着3岁的孙子去公园玩，在休息的时候，范大妈给他的孙子剥葡萄吃，结果没吃几颗，孙子脸色发紫，两眼流泪，喘不过气来，情急之下，范大妈就想用手把葡萄抠出来，但越是着急就越抠不出来，短短几分钟，刚刚还活蹦乱跳的孙子就死在了奶奶的怀里。之所以会发生这样的悲剧，是因为范大妈不懂得相应的急救方法。

下面我们就一起来看一段视频《呼吸道异物阻塞家庭急救法》。

（3）声音的产生。

教师：下面我们来看最后一部分内容，声音的产生是由嘴巴发出来的吗？

学生：不是，是由喉部的声带发出的。

教师：（出示图片分析）呼吸时，声带是分开的，而当声带拉紧，中间的空隙缩小，肺部呼出的气流振动声带，就发出声音了。我们可以通过一个实验来感受一下。

教师让学生把一只手轻放在嘴巴上，说一句话；再做另一组动作，捂紧嘴巴说同一句话，体会声音是由喉部的声带发出的，它的形成还与气流有关。同时让学生明白大声喊叫不仅是一种噪声污染，而且会引起一些喉部疾病，影响发声，甚至影响呼吸。

【设计意图】

通过漫画、动画、视频、实验等直观教学，让学生亲身体验呼吸与吞咽的关系，明白声音是如何产生的，同时普及呼吸道异物阻塞家庭急救法。联系生活实际，让学生养成“食不言”、“不大声喊叫”等良好的生活习惯。

【品析小结】

通过漫画和动画的形式让学生具体了解相关的理论知识，宛如亲历呼吸道探索的历程，并将理论与实践相联系，通过视频普及呼吸道异物阻塞家庭急救法，让每个学生在感知、理解教材的同时又能够将所学知识运用到日常的生活和生产实践中，再一次在生物教学中渗透STS教育。

四 教学反思与建议

呼吸是生物的基本特征，我们每时每刻都在进行呼吸，但是这样一个无时无刻不在进行的生理活动往往容易被学生忽视。因此，在课前通过一个小游戏让学生亲身感受，体验呼吸的重要性，激发学生探究的欲望，引入课题。在教学过程中，利用图片、动画、视频、生活实例以及小品表演等形式，增加课堂的趣味性，学生的整体思维活跃，较好地引导学生探究呼吸道对空气的处理，将知识与健康生活相联系，引导学生养成良好的生活习惯，体现在教学中渗透 STS 教育的新课程理念。

五 课标在线

落实科学、技术和社会相互关系的教育

《标准》多层面、多角度地强调了科学、技术和社会相互关系的教育的重要性。例如，内容标准突出了人和生物圈的关系，学会健康地生活，运用生物科学和技术解决农业、医药、环境等实际问题，也提出开展联系科学、技术和社会的许多具体的活动建议等。在教学中教师应该注意以下几个方面的问题：

（1）了解科学、技术和社会的相互关系，关注和参与与生物科学技术有关的社会问题的讨论和决策，是生物科学素养的重要组成部分，也是培养学生对自然和社会的责任感的重要途径。教师应该重视渗透科学、技术和社会相互关系的教育，通过具体事例帮助学生认识生物科学与社会发展的紧密联系。

（2）科学、技术和社会的相互关系的问题涵盖面很广，包括全球性的、国家的、地区的科学技术与社会生活、生产、发展相关的问题。特别要引导学生关注我国和学校所在地区的相关问题，培养他们爱祖国和爱家乡的情感。地方课程和学校课程的教学更应关注上述问题。

（3）生物科学、技术和社会关系密切，内容丰富。教师应引导学生通过图书、报刊、音像和网络等了解更多的信息，开展调查研究，理解生物科学技术对社会发展的促进作用，同时也了解科学技术可能带来的负面影响。

六 活动与检测

新课标提出的 STS 教育思想强调了科学、技术和社会三者之间的相互联系和影响。因此，在生物教学中，教师不仅要重视生物知识的传授，还要重视生物知识在实际生活中的应用，引导学生将所学知识应用于解决实际生活问题中去。教师首先应学会挖掘教材中可进行 STS 教育的内容，多阅读相关文献，整理相应的资料，在教学中渗透 STS 教育。如在讲述“细胞的全能性”时，可引出组织培养

技术在医学领域的应用，将生物知识与实际生活相联系，激发学生的学习兴趣。利用课余时间开展课外实践活动或研究性学习，突出 STS 教育的时效性。如学习了“环境污染和保护”的内容后，教师可组织学生到水泥厂等工业区进行参观，使学生直观地认识到“工业三废”若不经科学处理而直接排放，将给我们的生活环境带来巨大的危害。同时，教师可布置学生就此现象写一篇小论文，提出解决问题的措施，使学生真正将所学知识运用于解决实际生活中的问题，并在此过程中增强学生的社会责任感。

请就“人的由来”一章中的“试管婴儿”这部分的内容，谈谈你将怎样在教学过程中渗透 STS 教育。

七 课外阅读与拓展

1. 王芳 .“呼吸道对空气的处理”一节的教学设计 [J]. 生物学教学，2013（9）.

2. 朴银花 .“呼吸道对空气的处理”教学设计 [J]. 新课程（中旬），2013（7）.

3. 姬云涛，刘国瑾等 . 充分开发校内外资源以加强中学生物教学中渗透 STS 教育 . 中国校外教育，2013 （12）.

4. 朱琳瑜，汪飞君，张韩芳 . 如何在生物学教学中渗透 STS 教育思想 [J]. 新课程研究（基础教育），2010（11）.

5. 教育第三方 .http：//www.3edu.net.

6. 学科网 .http：//www.zxxk.com.

7. 生物谷网 .http://www.bioon.com.

8. 生物教学网 .http://www.shengwu.com.cn.

案例 9 引导并组织学生进行探究性学习

——“空中飞行的动物——鸟适于飞行的特点”案例分析

一 案例背景

本节课是人教版生物学八年级上册第五单元第一章第三节“空中飞行的动物——鸟适于飞行的特点”的内容，前两节分别介绍了水中和陆地上生活的动物，因此本节课是前面内容的自然延续，与前两节共同建立起了一个完整的知识体系，让学生全面了解各种环境中的动物及其适应性。教材的编写设计充分体现了新课程标准倡导的探究性学习的教学理念，引导学生主动参与学习、勤于动手，逐步培养学生收集和处理科学信息的能力、获取新知识的能力、分析解决问题的能力以及相互交流与合作的能力等。

通过前面两节内容的学习，学生已经有了一定的认知基础，包括知识和技能两个方面，尤其是确立了生物与环境相适应的观点。八年级的学生对于鸟的飞行有许多感性认识和理解，但对它们有哪些结构特点是适于空中飞行的知识还不甚明确。所以教师要注意多从生活实际出发，加强感性认识，使学生便于理解、掌握。

【教学目标】

（一）知识目标

（1）阐明鸟类适于空中飞行的形态结构特点；

（2）观察与比较各种鸟类，概述鸟类的主要特征；

（3）举例说出动物的生活可能跨越多种环境。

（二）能力目标

尝试独立完成“鸟适于飞行的特点”的探究活动。

（三）情感目标

（1）体验观察、探究的乐趣，养成爱护动物的习惯；

（2）通过对鸟类的学习，学会用辩证的观点看待动物与环境的关系。

【教学重难点】

（一）教学重点

（1）鸟类适于飞行的形态结构和生理功能特征；

（2）鸟类的主要特征。

（二）教学难点

（1）探究活动的实验过程及组织教学；

（2）鸟类的主要特征。

三 教学过程

教学过程

教学内容	教师活动	学生活动
新课导入	播放音乐《我是一只小小鸟》。 由一首熟悉的歌引出：小时候，在我们大多数人的心中都有一个梦想：要是我也是一只鸟那该多好啊，可以自由自在地在空中飞翔。直到一百年前，人类发明了飞机才实现了在空中飞行的梦想。然而早在几亿年前，动物中的昆虫、鸟类，哺乳动物中的蝙蝠等就能在空中飞行，从而进入新课——空中飞行的动物。	欣赏歌曲，在教师的讲述中产生联想，进入新课学习。
以类比形式引出鸟类适于飞行的三大特点	引导学生一起探究鸟为什么会有这么强的飞行能力。 演示1：用同一大小力扔纸张和纸飞机。 演示2：用不同大小力扔同一纸飞机。 演示3：用同一大小力扔纸飞机和形态相似的塑料飞机。 提问：纸飞机飞行的远近和哪些因素有关？ 过渡：鸟类的飞行是否与这些因素有关？鸟类适于飞行的特点有哪些？	认真观察三种演示中纸飞机飞行的远近，积极思考并得出结论：纸飞机飞行的远近与其形态、动力、重量有关。

（续上表）

教学内容	教师活动	学生活动
探究一：外部形态特点	引导学生快速地阅读教材第22~23页的提示，积极思考并讨论以下问题： （1）鸟的体形是怎样的？这与它的飞行有什么关系？ （2）你们能识别出在飞行中起主要作用的羽毛吗？ （3）这些羽毛在结构上有什么特点？ （4）正羽的排列是彼此重叠还是留有空隙？为什么要这样排列呢？	阅读教材第22~23页，并积极思考、分组讨论问题，得出鸟类适于飞行的外部形态特点。
探究二：内部结构特点	出示图片，提出问题： （1）家鸽哪里的肌肉最发达？ （2）家鸽的肌肉特点与翼的飞翔运动有什么关系？ （3）家鸽的胸骨有什么特点？这样的特点有什么作用？ （4）家鸽的骨骼特点与飞翔运动有什么关系？	观察图片，积极思考、分组讨论问题，得出鸟类适于飞行的内部结构特点。
探究三：生理特点	阅读教材资料分析，观看图片，并以填空的形式完成各种生理特征的探究。 （1）分析资料1，并结合图片，总结鸟类的消化特点：消化系统 ____，食量 ____，消化、吸收能力 ____，排出粪便的速度很 ____。这样的特点对于鸟类的飞行有什么好处？ （2）分析资料2，总结鸟类的血液循环系统的特点：鸟类的心脏肌肉 ____，工作能力 ____。循环系统结构 ____。运输营养物质和氧气的功能 ____，释放的能量 ____，保证鸟类飞行时 ____。 （3）分析资料3，认识鸟类的呼吸（重难点）。 鸟类的呼吸系统有别于其他动物的特点——双重呼吸。 播放视频《鸟类的呼吸》。 总结双重呼吸的定义。 师生共同归纳气囊的作用。	阅读教材资料分析，观看图片，完成填空练习，同时得出鸟类适于飞行的生理特点。 思考什么是双重呼吸。 带着问题，观看视频。 在教师的引导下归纳总结气囊的作用。

（续上表）

教学内容	教师活动	学生活动
鸟类的主要特征	师生共同归纳鸟类的主要特征： （1）体表被覆羽毛； （2）前肢变成翼； （3）身体内有气囊； （4）体温高而恒定。	在教师的引导下归纳鸟类的主要特征。
课堂小结	小结本节课的主要内容。	回顾本节课的主要内容。
巩固练习及布置作业	有人说："鸟的全身都为飞行而设计。"谈谈你对这句话的理解。	完成作业。

三 案例评析

（一）利用音乐创设教学情境，导入新课

【镜头回放】

※ 新课导入 ※

播放音乐《我是一只小小鸟》。

教师：刚才这首歌应该是同学们很熟悉的，知道它的名字吗？小时候，在我们大多数人的心中都有一个梦想：要是我也是一只鸟那该多好啊，可以自由自在地在空中飞翔。直到一百年前，人类发明了飞机才实现了在空中飞行的梦想。然而早在几亿年前，动物中的昆虫、鸟类，哺乳动物中的蝙蝠等就能在空中飞行。今天，我们就以鸟为例一起来学习第三节"空中飞行的动物"。

【设计意图】

利用音乐创设情境，让学生在强烈的听觉冲击下，激发学习欲望和调动兴趣，自然导入新课的学习。

【品析小结】

通过学生熟悉的音乐创设教学情境，借梦想引入课题，注重与现实生活的联

系，符合认知的一般规律。也可播放清晨林中各种鸟鸣声的录音，让学生闭上眼睛聆听优美的旋律，展开想象，教师提出问题，引发学生思考，引出课题。

（二）以类比实验引出鸟类适于飞行的三大特点，激发学生的学习兴趣

【镜头回放】

※ 以类比形式引出鸟类适于飞行的三大特点 ※

教师：大家都知道鸟善于飞行，但鸟为什么会有这么强的飞行能力呢？下面我们一起来做一个实验。

演示 1：用同一大小力扔纸张和纸飞机。

演示 2：用不同大小力扔同一纸飞机。

演示 3：用同一大小力扔纸飞机和形态相似的塑料飞机。

教师：（提问）纸飞机飞行的远近和哪些因素有关？

学生：形态、动力、重量。

过渡：鸟类的飞行是否与这些因素有关？鸟类适于飞行的特点有哪些？

【设计意图】

以学生熟悉的纸飞机做类比实验，引出鸟类适于飞行的三大特点，起到激发学生的学习兴趣、调动学生学习的积极性、活跃课堂气氛的作用。

【品析小结】

以学生熟悉的纸飞机做类比实验，符合学生的认知规律，且学生本身对于鸟类为什么能飞行也很感兴趣，由此引出探究的问题，有利于激发学生的学习兴趣。

（三）图文并茂，巧设问题，引导并组织学生进行探究性学习

【镜头回放】

探究一：外部形态特点

教师：请同学们快速地阅读教材第 22~23 页的提示，小组讨论并完成下面的问题：

（1）鸟的体形是怎样的？这与它的飞行有什么关系？

（2）你们能识别出在飞行中起主要作用的羽毛吗？

（3）这些羽毛在结构上有什么特点？

（4）正羽的排列是彼此重叠还是留有空隙？为什么要这样排列呢？

探究二：内部结构特点

教师出示图片及问题，学生讨论并完成以下问题：

（1）家鸽哪里的肌肉最发达？

（2）家鸽的肌肉特点与翼的飞翔运动有什么关系？

（3）家鸽的胸骨有什么特点？这样的特点有什么作用？

（4）家鸽的骨骼特点与飞翔运动有什么关系？

探究三：生理特点

学生阅读教材资料分析，观看图片，并以填空的形式完成各种生理特征的探究。

（1）分析资料 1，并结合图片，总结鸟类的消化特点：消化系统 _____，食量 _____，消化、吸收能力 _____，排出粪便的速度很 _____。这样的特点对于鸟类的飞行有什么好处？

（2）分析资料 2，总结鸟类的血液循环系统的特点：鸟类的心脏肌肉 ___，工作能力 _____。循环系统结构 _____。运输营养物质和氧气的功能 _____，释放的能量 _____，保证鸟类飞行时 _______。

（3）分析资料 3，认识鸟类的呼吸（重难点）。

鸟类的呼吸系统有别于其他动物的特点——双重呼吸。

学生带着问题：什么是双重呼吸，观看视频。

教师播放视频《鸟类的呼吸》。

教师总结“双重呼吸”的定义：每呼吸一次，氧气两次经过肺，进行两次气体交换。

师生共同归纳气囊的作用：

（1）辅助肺进行呼吸，满足飞行时对氧气的需要；

（2）减轻身体比重；

（3）减少内脏器官间的摩擦和散发体内热量。

【设计意图】

从鸟类的形态结构切入，设置问题情境，引导学生有目的、有步骤地完成探究活动，培养学生的观察能力、分析问题的能力和实事求是的科学态度。再利用图片进一步探究，培养学生分析资料的能力及合作精神，提高学生总结概括和语言组织能力。同时利用视频直观地认识鸟类的“双重呼吸”，突破难点。

【品析小结】

充分考虑初中学生的认知水平，引导学生参与自主的探究活动，通过思考与讨论问题，开阔学生的思路。循序渐进的探究设计可有效地培养学生的探究技能和科学态度。通过完成“鸟适于飞行的特点”的探究活动，培养学生珍爱生命、爱护动物的情感态度，同时也提高了学生保护动物的意识，达到教学的三维目标。

（四）归纳总结

【镜头回放】

※ 鸟类的主要特征 ※

师生共同归纳鸟类的主要特征：

（1）体表被覆羽毛；

（2）前肢变成翼；

（3）身体内有气囊；

（4）体温高而恒定。

【设计意图】

培养学生的归纳、总结能力。

【品析小结】

教师在总结归纳之后应适当补充鸟类在生物圈中的作用以及与人类的关系，让学生在学习新知识的同时意识到鸟类是我们人类的朋友，再一次体会到保护大自然中的鸟类的重要性。

四 教学反思与建议

本节课的教学要特别注意引导学生独立完成“鸟适于飞行的特点”的探究活动。在课前，教师和学生都进行了充分的准备，教师让学生制作纸飞机和纸板飞机，并找了塑料飞机。开始新课前，通过演示引导学生理解鸟的飞行和形态、重量、动力三个方面的因素有关。在纸飞机的演示中活跃了课堂气氛，同时培养了学生通过实验验证问题的能力。在课堂上，学生观看了鸟类飞行的录像片，这不仅拓宽了他们的视野，而且开拓了他们想象的空间。在随后的资料分析和讨论中，学生积极踊跃，讨论热烈，最后形成对鸟类适于飞行特点的理论认识就显得顺理成章了。这种学习方法和过程能够唤起学生探究的热情。

建议教师站在生物圈的高度，从动物对环境的适应出发切入教学。

五 课标在线

引导并组织学生进行探究性学习

生物教学不仅是教师讲解和演示的过程，也是师生交流、共同发展的互动过程。教师必须向学生提供更多的机会让学生亲自参与和实践。这种有目的、有步骤的自主学习活动主要包括对生物及其相关事物进行观察、描述、提出问题、从各种信息渠道查找信息、提出假设、验证假设、思维判断、作出解释，并能与他人合作和交流等。教师在引导和组织学生进行探究性学习时应注意：

（1）为探究性学习创设情境。例如，提供相关的图文信息资料、数据，或呈现生物的标本、模型、生活环境，或从学生的生活经验、经历中提出探究性的问题，或从社会关注的与生物学有关的热点问题切入等。

（2）鼓励学生自己观察、思考、提问，并在提出假设的基础上进行探究活动方案的设计和实施。

（3）注意课内外活动相结合。教师应摆脱课堂内外的约束，有计划地安排好需要较长时间才能完成的活动，包括必要的调查、访问、参观等，充分利用多种教学资源，保证活动时间的落实。

（4）重视探究性学习报告的撰写和交流。教师应培养学生通过文字描述、数字表格、示意图、曲线图等方式完成报告，并组织交流探究的过程和结果。

（5）探究性学习不是全部的教学活动。教师应结合具体的教学内容，采用多种不同的教学策略和方法，完成课程目标。

六 活动与检测

倡导探究性学习是新课改的基本理念，而在新课程的实施过程中，许多教师不会引导学生进行探究，学生则失去学习兴趣，更难以产生探究的心理。所以教师应多将教材知识与实际生活相联系，激发学生的求知欲望。同时，教师还要虚心接纳学生提出的正确可行的意见，从而获得学生的信任和尊重，建立互相理解的新型的师生关系，这样学生才敢于大胆提出疑问，从而增加课堂活力。如教师可展示夏季人们在树荫下避暑的图片，从而提出“为什么大树底下好乘凉”的问题，激发学生的好奇心和求知欲，最终引导学生进行植物蒸腾作用的相关探究。

上述案例对你有什么启示？作为一名生物教师，你将如何在“探究生物体维持 pH 稳定的机制”实验中引导并组织学生进行探究性学习？

七 课外阅读与拓展

1. 宋喜贵 .“鸟适于飞行的特点”一节的探究性教学设计 [J]. 生物学通报，2010（7）.

2. 谢碧辉 .“鸟适于飞行的特点”一课的教学设计 [J]. 生物学通报，2011（4）.

3. 黄维海 .“空中飞行的动物——鸟”一节的教学设计 [J]. 生物学教学，2013（6）.

4. 邵奎才 . 中学生物探究式教学浅析 [J]. 才智，2010（30）.

5. 鸟类网 .http://niaolei.org.cn.

6. 中国生物课程网 .http://bio.cersp.com.

7. 新思考网 .http://scpx.cersp.com.

案例 10 生物教学评价做到多元化、科学化

——“尝试对生物进行分类”案例分析

一 案例背景

本节课是人教版生物学八年级上册第六单元第一章第一节“尝试对生物进行分类”的内容，是学习本单元知识的基础。本节包括两部分：植物的分类和动物的分类，是对前面所学的生物圈中的各类生物的回顾和总结，让学生对生物界的全貌有一个概括性的了解，从中学习科学的分类方法，同时也对后面将要学习“认识生物的多样性”打好基础。本节课的内容与现实生活联系紧密，学生可以应用所学知识对身边的生物进行分类，也可将科学的分类方法应用于生活的其他方面。

通过前五个单元的学习，学生对生物界的概况有了较全面的了解，对各类群有了许多感性认识，学生已经了解了植物、动物以及细菌和真菌的主要类群的特征，特别是绿色植物（藻类植物、苔藓植物、蕨类植物和种子植物）的基本知识，为本节课学习生物的分类打下了一定的基础。学生对生物分类的方法比较陌生，但是在实际生活中，学生对分类的方法应该是不陌生的，教师应该充分调动学生的生活经验来完成这节课的学习。

【教学目标】

（一）知识目标

（1）尝试根据植物和动物的特征进行分类；

（2）举例说出生物分类的必要性、概念及依据；

（3）列举植物和动物的主要类群。

（二）能力目标

（1）尝试探究生物的分类方法，提高学生的观察、思考、比较、分析判断能力；

（2）通过分类活动，锻炼学生的发散思维能力，增强学习的自信心。

（三）情感目标

参与对生物进行分类的活动，体验基本的分类方法；增强保护生物多样性、保护环境的意识。

【教学重难点】

（一）教学重点

（1）根据生物的特征对生物进行分类；

（2）生物的分类方法。

（二）教学难点

（1）根据生物的特征对生物进行分类；

（2）总结出生物分类的方法和依据。

三 教学过程

教学过程

教学内容	教师活动	学生活动
通过生活现象导入新课	在日常生活中，你见过一些什么样的分类活动？ 提出问题： （1）分类需要什么样的前提条件？ （2）分类需要一定的依据吗？ 让学生联系生活，分析身边常见的分类现象，指导学生得出生物分类的定义及依据。	举出一些例子。超市里肉、鱼、蔬菜等物品分放在不同的区域；家里的药品根据用途不同分类存放；邮局将信件分类后送出等。 积极思考。

（续上表）

教学内容	教师活动	学生活动
植物分类	引导学生阅读教材第 81 页的“观察与思考”，完成思考题。 （1）图片中的植物分别属于 A、B、C、D、E、F 中的哪类植物？ （2）说出图片中 A、B、C、D、E、F 各植物类群的名称。 教师根据学生的回答，再详细地逐级分类讲解。同时补充七年级的内容，回顾藻类植物、苔藓植物、蕨类植物、裸子植物、被子植物、单子叶植物、双子叶植物这几种类群的特征。 （3）图片中 A、B、C、D、E、F 各类植物都属于同一分类等级吗？ （4）有种子植物可以分为哪些类群？ （5）无种子植物可以分为哪些类群？ （6）请把 A、B、C、D、E、F 各类植物按一定顺序（如从简单到复杂）排列。 教师及时点评学生的回答，并引导学生阅读教材，得出植物分类的依据。	学生自学思考并完成思考题。 回顾七年级的内容：各植物类群的特征。 根据刚才回顾总结的知识回答第（3）~（6）四道题。 阅读教材中的相关内容并找出植物分类的依据。
动物分类	指导学生阅读教材第 82~83 页，并回答问题。 （1）你能将教材第 82 页的 11 种动物分成两组吗？ （2）尝试将脊椎和无脊椎动物下属的动物再度进行细化分类。请学生起来回答。 （3）请你尝试仿照植物分类的表解方式将这 11 种动物分类。 巡查学生的完成情况，并让学生进行互相评价，教师点评。 （4）把这些动物类群再按照进化顺序从低等到高等进行排序。 （5）动物分类的依据是什么？ 引导学生总结动物分类的依据。	思考并回答问题。 将脊椎和无脊椎动物下属的动物再度进行细化分类（学生起来回答）。 将动物分类整理在练习本上。 回答问题。 总结动物分类的依据。
微生物分类	引导学生在教材中找出微生物的分类。 总结：将微生物分成细菌、真菌、病毒；细菌包括球菌、杆菌、螺旋菌；真菌包括酵母菌、霉菌；病毒包括植物病毒、动物病毒、细菌病毒。	阅读教材。

（续上表）

教学内容	教师活动	学生活动
课堂小结	小结本节课的主要内容。	回顾本节课主要内容。
巩固练习，布置作业	（1）出示巩固练习题，让学生活学活用。 （2）作业：益智寓言：蝙蝠的“家” 在一片森林里，哺乳动物和鸟类之间经常发生战争。哺乳动物获胜了，蝙蝠迅速地飞到哺乳动物一边说：“我有牙齿，我是哺乳动物”；鸟类获胜了，蝙蝠又迅速地飞到鸟类的一边，说：“你们看，我有翅膀，我是鸟。”后来，哺乳动物和鸟类明白了，它们拥有共同的家园，应该齐心协力保护这个家园，于是它们成了最好的朋友。但是蝙蝠很痛苦，因为它们都不喜欢蝙蝠…… 你能帮蝙蝠说服哺乳动物和鸟类，帮它找到真正的家吗？	根据本节课所学的知识，完成巩固练习。 阅读故事，完成作业。

三 案例评析

（一）利用生活实例创设情境，提出问题，导入新课

【镜头回放】

※ 通过生活现象导入新课 ※

教师：在日常生活中，你见过一些什么样的分类活动？

学生：（举例）超市里肉、鱼、蔬菜等物品分放在不同的区域；家里的药品根据用途不同分类存放；邮局将信件分类后送出。

教师：同学们说得都很好。现在我们一起来分析这些身边常见的分类现象，分类需要什么样的前提条件？分类需要一定的依据吗？

学生思考，引出生物分类的定义及依据。

【设计意图】

从日常生活出发，能很快将学生的注意力吸引到新课的学习中，并通过提问和讨论来调动学生学习的积极性。

【品析小结】

引导学生思考生活情境问题，关注生活，关注身边的事物。

（二）联系生活经验，以直观教学法帮助学生理解生物的分类

【镜头回放】

※ 植物分类 ※

教师出示图片，引导学生阅读教材第 81 页的“观察与思考”，完成思考题。

（1）图片中的植物分别属于 A、B、C、D、E、F 中的哪类植物？

学生自学讨论完成。（有将近一半学生不能完成。）

教师巡视，讲评，引导学生完成思考题。

（2）说出图片中 A、B、C、D、E、F 各植物类群的名称。

学生回答。（略）

教师评价并详细地逐级分类讲解，补充七年级的内容，回顾各植物类群的特征。

① 藻类植物：没有根、茎、叶的分化，靠孢子繁殖后代；

② 苔藓植物：有的有茎、叶，只有假根（假根不是根，只能固着植物，不能吸收水分和无机盐），靠孢子繁殖后代；

③ 蕨类植物：有根、茎、叶，不开花，没有果实和种子，靠孢子繁殖后代；

④ 裸子植物：根、茎、叶发达，种子是裸露的，没有果皮的包被；

⑤ 被子植物：有根、茎、叶、花、果实、种子，种子不裸露，种子外面有果皮包被；

⑥ 单子叶植物：种子胚里有一片子叶，叶脉一般为平行脉；

⑦ 双子叶植物：种子胚里有两片子叶，叶脉一般为网状脉。

（3）图片中 A、B、C、D、E、F 各类植物都属于同一分类等级吗？

学生：A、B 的分类等级低于 C、D、E、F 四类植物。

（4）有种子植物可以分为哪些类群？

学生：被子植物和裸子植物。

（5）无种子植物可以分为哪些类群？

学生：藻类植物、苔藓植物、蕨类植物。

（6）请把 A、B、C、D、E、F 各类植物按一定顺序（如从简单到复杂）排列。

学生：藻类植物、苔藓植物、蕨类植物、裸子植物、被子植物。

教师评价学生的回答并引导学生小结植物分类的依据。

生物学家在对植物进行分类时，要仔细观察植物的形态结构，如被子植物的根、茎、叶、花、果实和种子的形态结构，从这些器官中发现它们共同的或不同的特征，从而确定它们的亲缘关系。在被子植物中，花、果实和种子往往作为分类的重要依据。

※ 动物分类 ※

教师出示11种动物的图片，指导学生阅读教材第82~83页，并思考回答问题。

（1）你能把这11种动物分成两组吗？

学生：根据有无脊柱给动物进行分类，分成脊椎动物和无脊椎动物。

（2）尝试将脊椎和无脊椎动物下属的动物再度进行细化分类。

学生将脊椎和无脊椎动物下属的动物再度分类。

教师：（点评）同学们分得真是又快又准。

（3）请你尝试仿照植物分类的表解方式将这11种动物分类。

学生在练习本上分类。

教师巡查，请学生回答问题，并让学生进行自评、互评，教师再讲评。

（4）把这些动物类群再按照进化顺序从低等到高等进行排序。

学生在练习本上排序。

（5）动物分类的依据是什么？

教师引导学生互评并总结动物分类的依据。

学生：动物的分类除了要比较外部形态结构外，往往还要比较动物的内部构造和生理功能。

※ 微生物分类 ※

教师引导学生在教材中找出微生物的分类。

学生将微生物分成细菌、真菌、病毒；细菌包括球菌、杆菌、螺旋菌；真菌包括酵母菌、霉菌；病毒包括植物病毒、动物病毒、细菌病毒。

【设计意图】

通过前五个单元的学习，学生已经了解了植物、动物以及细菌和真菌等主要类群的特征。因此，在整个教学环节中，注重联系生活经验，通过精美的生物图片，以直观教学法帮助学生理解生物的分类，让学生在欣赏、阅读、讨论、自评、互评及教师的评价与总结中达到教学的三维目标。

【品析小结】

生活中，学生们对分类的方法应该是不陌生的，但对生物分类的方法比较陌生。因此，如何充分利用学生现有的生活经验来完成这节课的学习，让学生学得轻松，是一个值得思考的问题。教学中教师以直观教学法，通过尝试对生物进行分类的活动，很好地完成了教学任务，且注意了用多种方式评价学生。

（三）通过寓言故事，活学活用

【镜头回放】

※ 巩固练习，作业布置 ※

益智寓言：蝙蝠的“家”

在一片森林里，哺乳动物和鸟类之间经常发生战争。哺乳动物获胜了，蝙蝠迅速地飞到哺乳动物一边说：“我有牙齿，我是哺乳动物”；鸟类获胜了，蝙蝠又迅速地飞到鸟类的一边，说：“你们看，我有翅膀，我是鸟。”后来，哺乳动物和鸟类明白了，它们拥有共同的家园，应该齐心协力保护这个家园，于是它们成了最好的朋友。但是蝙蝠很痛苦，因为它们都不喜欢蝙蝠……

教师：你能帮蝙蝠说服哺乳动物和鸟类，帮它找到真正的家吗?

学生阅读故事，完成作业。

【设计意图】

通过寓言故事，使学生认识到生物之间是有联系的，并用学到的知识帮助蝙蝠找到真正的家。

【品析小结】

作业的设计新颖独到，符合学生的年龄特征，既做到了学以致用，又巩固了所学知识。

四 教学反思与建议

本节课是尝试对生物进行分类，侧重于培养学生对分类技能的掌握，就知识而言，可以说这节课既是对以前所学内容的总结，也是本章后续知识学习的基础。

不少知识是七年级已经学过的，但学生遗忘率较高，因此对于各种植物类群的特征，教师应特别注意穿插归纳之前的知识点和图片，在此基础上，学生学起来才能比较轻松。另外，在教学过程中，教师还应注意评价学生的方式要多元化、科学化。

本节的教学策略是通过学生的分类活动来学习分类的方法。建议教师在教学过程中应注意引导学生分析和思考，并进行充分的讨论。

五 课标在线

生物教学评价做到多元化、科学化

义务教育阶段生物教学评价的依据是《标准》，评价内容包括知识、能力和情感态度与价值观等方面。

生物教学评价应有利于实施素质教育，有利于学生的自主发展。教师应注意终结性评价和形成性评价相结合、定量评价和定性评价相结合。同时，还应重视学生的自评和互评。教师应充分发挥教学评价在教学中的正面导向作用，积极引导学生真正改变学习方式，提高终身学习的能力。

教师应特别重视对学生探究能力和情感态度与价值观方面进行评价。

教学评价是指根据教学目标系统地收集学生学习情况的信息，对教学过程中的学习活动以及成果给予评价。通过教学评价，教师可以获得有关学生学习生物课程情况的反馈，不断改进教学；学生可以了解自己的学习情况，获得更好的发展。

教学评价包括以下几个方面：

（1）对学生的探究能力进行评价。

培养学生的探究能力是义务教育阶段生物课程的重要目标之一。在教学过程中，教师应关注学生在探究活动中逐步形成观察、归纳和发现问题的能力，逐步形成设计实验、调查研究、动手实验的能力，逐步形成收集和分析数据、表达和交流的能力等。教师应结合探究活动的全过程评价学生的探究能力。例如，在“探究种子萌发条件”的活动中，教师应对学生表现出来的探究能力进行评价。

（2）对学生情感态度与价值观的发展状况进行评价。

学生的情感态度与价值观是学生心理发展的基本内容，在生物教学过程中，教师应密切关注学生情感态度与价值观方面的进步以及良好行为习惯的养成。例如，在“认识保护生物圈的意义”的学习活动中，教师不仅应该评价学生相关的知识和技能，同时也应对学生在活动中表现出来的热爱家乡和祖国的情感、保护环境的意识、实事求是和勇于探索的科学精神等方面进行评价。

（3）提倡采用“档案夹”的形式记录学生的发展情况。

采用“档案夹”的目的是对学生学习生物的全过程进行综合评价，以激发学生进一步学习生物的兴趣。“档案夹”封面贴上学生的姓名、所在班级等情况。伴随学生的学习过程，逐步收集学生学习过程中的测试卷、探究活动的报告或小论文、小制作或小标本、查阅的文献资料、收集的生物图片和照片、剪报、获奖证书等。

分阶段展览学生的“档案夹”，教师和学生根据各项成果的评语和评分，结合发展变化的情况，共同对每个学生进行综合评价。

六 活动与检测

新课程改革对教师的教学方式和角色转变与学生的学习方式提出了新的要求，为了全面深化教育改革，多元化、科学化的教学评价也应运而生。多元化的教学评价对课堂评价具有导向性和激励性，能够更全面、及时地反馈教学情况，多方面判断学生的学习效果，增强学生学习的积极性。生物教学注重学生综合素质的全面培养，在教学评价中，教师应该改变传统的单一评价方式，坚持教学评价的目的性、激励性和科学性等原则。既要评价学生的知识和技能，又要注重学生情感态度与价值观的评价；改变学科本位、知识本位的评价体系，致力于学生全面发展的评价体系，关注学生的兴趣、特长等方面的发展；注重评价主体的多元化，做到教师评价、学生自评、学生互评等多种评价方式相结合；此外，还要打破传统的以考试为唯一评价标准的模式，应重视学生解决实际问题能力的评价，如学生的探究能力、调查能力和实验能力等。

多元化的教学评价在生物教学中意义深远，在生物教学中，你用到了哪些多元化的教学评价方式？效果如何？

七 课外阅读与拓展

1. 李越，祝剑飞．“生物的分类”教学设计 [J]. 中学生物教学，2012（9）.
2. 姚鸿波．“尝试对生物进行分类”一节的教学 [J]. 生物学教学，2007（8）.
3. 周敏．“尝试对生物进行分类”一节的创意设计 [J]. 中学生物学，2011（9）.
4. 乔新红．多元化教学评价在高中生物教学中的应用 [J]. 成才之路，2013（4）.
5. 中国教育出版网 .http//www.zzstep.com.
6. 莲山课件 .http//www.5ykj.com.

下编

高中阶段

生物学教学案例与评析

案例 1 交叉融合相关学科，有效深化生物教学

——“生命活动的主要承担者——蛋白质”案例分析

一 案例背景

人教版高中生物必修 1“分子与细胞”的总体目标是让学生从分子水平认识生命的物质基础和结构基础。“生命活动的主要承担者——蛋白质”是必修 1 第二章第二节的内容，在教材中起着承上启下的作用。在本章第一节中提到细胞中含量最多的有机物是蛋白质，以后学到的载体蛋白、酶等知识也都与蛋白质紧密相关。蛋白质种类繁多、功能多样，是生命活动的主要承担者，学好这部分内容对学生从分子水平理解细胞的物质基础和结构基础起着举足轻重的作用，同时也为学生学习必修 2 第四章“基因的表达”打好基础。

学生在学习本节内容之前，通过对第一节“细胞中的元素和化合物”的学习，已经认识到蛋白质是细胞中含量最多的有机物，加上他们的生活常识，也会初步了解到蛋白质对于人类生活的重要性。但是高一学生还没有学习有机化学，他们缺乏有关氨基酸和蛋白质的化学知识，而且细胞的分子组成是微观、抽象的内容，这无形中又增加了学生学习本节课的难度。

学生在有机化学方面的知识几乎空白，因此为突破重难点，教师在教学过程中可与化学教学相联系。从学生对有机化学（烃类化合物）和碳元素的化学性质有一定了解着手，借助烷烃，通过学生对碳的了解，碳元素可以连接四个共价键等方面入手，设计问题，由浅入深，加深学生对于氨基酸结构通式的认识和氨基酸形成蛋白质过程的了解。另外，氨基酸脱水缩合过程还涉及一些数学上的计算，为方便学生理解和应用，可与一元一次方程相联系进行教学。

【教学目标】

（一）知识目标

（1）说明氨基酸的结构特点，以及氨基酸形成蛋白质的过程；

（2）概述蛋白质的结构和功能。

（二）能力目标

通过观察氨基酸的共性得出其通式，训练学生的观察和思维能力。

（三）情感目标

（1）认同蛋白质是生命活动的主要承担者；

（2）关注蛋白质研究的新进展。

【教学重难点】

（一）教学重点

（1）氨基酸的结构特点，以及氨基酸形成蛋白质的过程；

（2）蛋白质的结构和功能。

（二）教学难点

（1）氨基酸形成蛋白质的过程；

（2）蛋白质结构多样性的原因。

三、教学过程

教学过程

教学内容	教师活动	学生活动
创设情境，导入新课	创设情境： （1）资料展示了劣质奶粉引起“大头娃娃”的事件。问：劣质奶粉中含量接近零的是什么成分？你能用哪种试剂来验证你的观点？ （2）引导学生联系生活，说出生活中哪些食物富含蛋白质以及蛋白质的作用。 （3）进一步提问激发学生的兴趣：为什么我们平时总是说要多吃些富含蛋白质的食物呢？它有什么作用呢？蛋白质究竟是什么物质？	学生：蛋白质、双缩脲试剂。 学生进行小组讨论，根据经验说出常见的食品中哪些富含蛋白质以及蛋白质的作用，解决“问题探讨”中的问题。

（续上表）

教学内容	教师活动	学生活动
氨基酸的结构特点和通式	（1）以问题“蛋白质是否能直接被我们人体吸收”引出蛋白质要经过消化成为氨基酸才能被人体吸收，氨基酸是蛋白质的基本单位，约有 20 种。引导学生讨论“思考与讨论”：四种氨基酸有哪些相同的结构？不同的地方在哪里？引导学生归纳氨基酸的结构特点，并尝试写出氨基酸的通式。 （2）先引导学生写出甲烷的电子式，然后再要求他们改写成结构式，进而以化学用的球棒模型表示出甲烷的四面体结构，使学生建立起碳化合物的空间结构概念，并进一步阐明：甲烷的某一个氢原子可以被叫做羧基的化学基团取代，生成的碳化合物就是高一化学中学过的醋酸；同样，另一个氢原子也可以被叫做氨基的化学基团取代，生成的化合物叫甘氨酸。甘氨酸是最简单的一种氨基酸。然后再以甘氨酸和思考讨论中的几种氨基酸结构式进行比较，引导学生分析出各种氨基酸在结构上的共同特点，即“一个中心，两个基本点”。每个氨基酸都有一个碳原子同时连着一个氨基和羧基，这个碳原子即“一个中心”；每个氨基酸都必须至少有一个羧基和一个氨基，且氨基和羧基必须连在中心碳原子上，即“两个基本点”。而中心碳原子的一端连着一个氢原子，所以差异就只表现在侧链部分，侧链的化学结构和性质与蛋白质的空间结构和性质密切相关。学生了解了各种氨基酸结构上的异同点后，就容易记忆和理解氨基酸的结构通式和特性。然后进一步向学生指出，氨基酸的缩合是理解蛋白质结构复杂性的核心。	请学生上台圈出黑板板书的四种氨基酸的共有结构，指出不同的地方。小组讨论学习氨基酸的结构特点，尝试写出氨基酸的结构通式。 构建碳化合物的空间结构。 比较不同氨基酸的结构式，得出各种氨基酸在结构上的共同点。

（续上表）

教学内容	教师活动	学生活动
氨基酸的脱水缩合	（1）以图2–4讲解蛋白质是由游离的氨基酸像串珠般串起来并通过折叠形成的。提问：蛋白质合成的这一个过程像串珠一样简单吗？它们是通过什么作用“串”起来的？引出氨基酸的脱水缩合。 （2）以表格形式引导学生归纳肽键、H_2O数目和氨基酸数目的关系（$n-1$）以及氨基、羧基数目，课后第3题练习巩固并引入（$n-m$）及蛋白质分子质量$na-18(n-m)$公式的学习：胰岛素有A、B两条多肽链，A链有21个氨基酸，B链有30个氨基酸。 ①胰岛素中肽键的数目是多少？ ②若氨基酸的平均相对分子质量为120，则该胰岛素的分子质量为多少？ （3）蛋白质结构的多样性，一方面取决于它的化学结构中氨基酸的种类、数目、比例、排列顺序及组合方式，另一方面取决于多肽链折叠、盘曲和交联成的复杂的空间结构。 （4）引导学生了解“科学史话”、“科学前沿”。	学生解： A链：$21-1=20$（个） B链：$30-1=29$（个） $20+29=49$（个） $20+29$ $=(21-1)+(30-1)$ $=(21+30)-2$ $=51(n)-2(m)$ 总结得出：肽键的数目＝氨基酸总的数目（n）－肽链的数目（m） $=51\times120-18(51-2)$ $=5238$ 推出：氨基酸总的数目（n）×氨基酸平均相对分子质量（a）－18×脱去的水的个数 $=na-18(n-m)$ 氨基酸脱水缩合前总的分子质量－脱去的水的分子质量＝胰岛素的分子质量 在教师的引导下，发现问题，分析思考，最后得出结论。
小结和练习	对学生进行学习方法和策略的训练，提高自主学习能力，巩固知识。	

三 案例评析

（一）利用生活实例创设情境，导入新课

【镜头回放】

※ 创设情境，导入新课 ※

教师：（资料展示了劣质奶粉引起“大头娃娃”的事件）劣质奶粉中含量接近零的是什么成分？你能用哪种试剂来验证你的观点？

学生：蛋白质、双缩脲试剂。

教师：联系生活，说说平时吃的食物中哪些富含蛋白质以及蛋白质的作用。

学生进行小组讨论，根据经验说出常见的食品中哪些富含蛋白质以及蛋白质的作用，解决“问题探讨”中的问题。

教师：为什么我们平时总是说要多吃些富含蛋白质的食物呢？它有什么作用呢？蛋白质究竟是什么物质？

【设计意图】

从日常生活出发，既能帮助学生复习旧知识，又能吸引学生把注意力投入新课的学习中，并通过提问和讨论来调动学生的积极性。

【品析小结】

引导学生思考的情境问题应注意科学性，如这里“劣质奶粉中含量接近零的是什么成分”，劣质奶粉是指多项营养素含量不达标，以次充好、蒙骗达标的奶粉，其中含量少或没有的成分远不止蛋白质，当然也不是所有劣质奶粉的蛋白质含量都接近零，那么这里就要注意提问的科学性，明确一些劣质奶粉里缺乏的是什么营养素。

（二）联系化学学科知识，以其直观构型帮助学生理解生物学知识

【镜头回放】

※ 氨基酸的结构特点和通式 ※

教师：蛋白质是否能直接被我们人体吸收？（引出蛋白质要经过消化成为氨基酸才能被人体吸收，氨基酸是蛋白质的基本单位，约有20种。）请大家讨论“思考与讨论”：四种氨基酸有哪些相同的结构？不同的地方在哪里？

学生代表上台圈出黑板板书的四种氨基酸的共有结构，指出不同的地方。小组讨论学习氨基酸的结构特点，尝试写出氨基酸的结构通式。

教师引导学生写出甲烷的电子式，然后再要求他们改写成结构式，进而以化学用的球棒模型表示出甲烷的四面体结构。

学生建立起碳化合物的空间结构概念。

教师：甲烷的某一个氢原子可以被叫做羧基的化学基团取代，生成的碳化合物就是高一化学中学过的醋酸；同样，另一个氢原子也可以被叫做氨基的化学基团取代，生成的化合物叫甘氨酸。甘氨酸是最简单的一种氨基酸。请大家对甘氨

酸和思考讨论中的其他几种氨基酸结构式进行比较。

学生比较甘氨酸和思考讨论中的其他几种氨基酸结构式。

教师：（引导学生分析出各种氨基酸在结构上的共同特点，即“一个中心，两个基本点”。）每个氨基酸都有一个碳原子同时连着一个氨基和羧基，这个碳原子即“一个中心”；每个氨基酸都必须至少有一个羧基和一个氨基，且氨基和羧基必须连在中心碳原子上，即“两个基本点”。而中心碳原子的一端连着一个氢原子，所以差异就只表现在侧链部分，侧链的化学结构和性质与蛋白质的空间结构和性质密切相关。

【设计意图】

由于高一学生有机化学知识薄弱，并不能理解氨基酸的结构特征和通式，特别是化学基团氨基、羧基以及它们与碳原子的连接关系，若将某氨基酸变换各化学基团位置，学生就很难辨别它是不是氨基酸。因此，应充分发挥教师的主导作用和学生的主体作用，活跃课堂气氛，联系化学学科知识，以直观构型帮助学生理解氨基酸的基本结构和特点。

【品析小结】

学生了解了各种氨基酸结构上的异同点后，就容易记忆和理解氨基酸的结构通式和特性。然后进一步向学生指出，氨基酸的缩合是理解蛋白质结构复杂性的核心。

（三）联系数学学科知识，以其科学计算帮助学生理解生物学知识

【镜头回放】

※ 氨基酸的脱水缩合 ※

教师：（以图 2–4 讲解蛋白质是由游离的氨基酸像串珠般串起来并通过折叠形成的）蛋白质合成的这一个过程像串珠一样简单吗？它们是通过什么作用“串”起来的？

学生跟随教师的引导，以表格形式归纳肽键、H_2O 数目和氨基酸数目的关系。

教师以课后练习巩固引入蛋白质分子质量 $na-18(n-m)$ 等公式的学习，其中 n 为氨基酸数目，a 为氨基酸平均相对分子质量，m 为肽链数。

【设计意图】

蛋白质结构和功能的统一性是理解蛋白质成为生命活动主要体现者的关键。通过数学计算的过程，使学生容易接受、抓住重点、突破难点、记忆深刻。

【品析小结】

此处计算过程的推导和总结，几乎等同于数学一元一次方程的求解，因为学生已经学过，而且此处包含的数学原理并不复杂，所以学生掌握得较好。

（四）总结与升华

【镜头回放】

教师：蛋白质结构的多样性，一方面取决于它的化学结构中氨基酸的种类、数目、比例、排列顺序及组合方式，另一方面取决于多肽链折叠、盘曲和交联成的复杂的空间结构。

学生在教师引导下了解教材中的“科学史话”、“科学前沿”。

【设计意图】

拓展学生的视野，对学生进行情感态度与价值观的教育。

【品析小结】

科学史教育和科学前沿探索宜渗透在知识点讲解中，贯穿整个教学过程，单列出来效果不明显。

四 教学反思与建议

本节课从日常生活出发，激发学生的学习兴趣，使课堂进入较浓厚的学习氛围中。因为理解氨基酸的结构特点是学习氨基酸形成蛋白质知识的基础，而学生尚未学习有机化学，所以结合初中学过的化学知识，以甲烷为引，让学生通过对比观察，主动建构氨基酸结构特点方面的知识，达到突出重点和突破难点的目的。

通过教师的精讲，充分发挥学生的主体作用，主动感知氨基酸形成蛋白质的过程以及氨基酸形成蛋白质过程中的有关计算知识。教学过程中，学生通过预习或听取教师照本宣科的讲授，并不能很好地掌握脱水缩合过程所涉及的计算，而结合数学一元一次方程进行教学却收到了良好的效果。可见，在生物教学中加强学科间的横向联系，有利于发展学生的高层次思维能力及传意技巧，全面提高学生素质，开发学生的心智潜能，培养学生独立思考、推理、判断和创造性思维的能力，培养创造性人才。

本节课在学生原有生活经验和知识基础上，引导学生理解蛋白质的功能知识。最后通过思维拓展使学生了解中国科学家在研究生命科学方面前沿的工作，激发了学生学习生物学的热情。各个教学环节环环相扣，取得了良好的教学效果。

五 课标在线

注意学科间的联系，生物教学融入人文教育

自然界是一个统一的整体，自然科学中的物理学、化学、生物学等各门学科，其思想方法、基本原理、研究内容有着密切的联系。同时，生物科学和数学、技术科学、信息科学相互作用，共同发展。此外，生物科学与人文社会学科也是相互影响的。加强学科间的横向联系，有利于学生理解科学的本质、科学的思想方法以及统一的科学概念和过程，建立科学的自然观，并逐步形成正确的世界观。

六 活动与检测

学科内外综合的目的主要是提高学生的综合意识、综合素质与创新能力，“解决理论与实际问题”。因此，针对性地探索设计多样化综合方法十分有必要。下面介绍几种学科交叉融合的常见方法。

一是引导迁移法，如对氨基酸结构，先后引导学生写出甲烷、氨的电子式，以“—”替代电子对，各少一个 H 称为甲基、氨基，分别用$—NH_2$、—COOH、—R 替换甲烷中的三个 H，即为氨基酸通式。

二是信息给予法，如教材给出葡萄糖、麦芽糖、淀粉的分子式，启发学生分析得出由前者合成后者产生水，由前者分解为后者需加入水，即糖的水解。

除此之外，还有“典例引入法”，即将学科内外需交叉综合的内容编为典例，激励学生思考训练，师生互动予以解答。“启思感悟法”是从科学技术正负两个方面影响感悟人文精神的。

活动：请针对“保护我们共同的家园”这一节内容的教学，用“典例引入法”和“启思感悟法”渗透相关学科的交叉融合，谈谈你的教学设计。

七》课外阅读与拓展

1. 刘香梅 . 围绕核心概念的探究活动设计——以“生命活动的主要承担者——蛋白质”为例 [J]. 中学生物教学，2011（Z1）.

2. 李颖俊 . 以 STS 教学模式实施“生命活动的主要承担者——蛋白质”一节的教学 [J]. 考试周刊，2012（24）.

3. 张候铭，岳良举 . 构建模型在“生命活动的主要承担者——蛋白质”教学中的应用 [J]. 中国现代教育装备，2012（8）.

4. 袁莉莉 .“生命活动的主要承担者——蛋白质”一节的教学设计 [J]. 中学生物教学，2011（7）.

5. K12 教育教学网 .http://www.k12.com.cn.

6. 兴华科学教育网 .http://sp.risechina.org.

案例 2 生物教学注重与现实生活的联系
——“细胞中的无机物”案例分析

一 案例背景

本节课为人教版高中生物必修 1 第二章第五节的内容。本节内容包括两部分：细胞中的水；细胞中的无机盐。第二章“组成细胞的分子”是必修 1 的一个重点知识，是学习其他章节中细胞各项生命活动的基础。其中，本节内容“细胞中的无机物”是学习第四章“细胞的物质输入和输出”中“物质跨膜运输的实例”及“物质跨膜运输方式”的基础。历年高考主要考查水和无机盐的存在形式及其作用，对本内容与细胞中的元素和化合物、物质跨膜运输的方式等内容进行综合命题。

高一的学生刚从初中跨入高中的门槛，虽然在初中已经学过水和无机盐的实例，对水和无机盐的含量和作用都有初步的认识，但对水和无机盐在细胞中的具体存在形式没有较明确的概念，对结合水的相关知识较难理解。同时，学生对生物这门学科的认识还停留在感性认识的层面，所以在教学过程中要抓住这个特点，从感性的生物现象提炼出生物现象的本质。在教学中应该注意把本节内容与前面的知识点联系在一起，形成一个有机的知识网络，方便学生学习。

【教学目标】

（一）知识目标

（1）说出水和无机盐在细胞中的存在形式及含量；

（2）举例说出水和无机盐在细胞中的主要作用。

（二）能力目标

运用已有资料进行分析、交流，锻炼处理信息及合作学习的能力。

（三）情感目标

（1）关注水和无机盐在生物体中的重要作用，关注人类健康；

（2）形成自觉爱护水源、节约用水的观念。

【教学重难点】

（一）教学重点

水和无机盐在细胞中的作用。

（二）教学难点

（1）结合水的概念；

（2）无机盐的作用。

二 教学过程

教学过程

教学内容	教师活动	学生活动
创设情境，导入新课	通过前面的学习，我们了解了细胞中的四种有机物。除了有机物，细胞中还有无机物，那么细胞中的无机物有哪些呢？ 设疑：细胞中的水和无机盐是以什么形式存在于细胞中的，它们又有什么作用？ 引导学生思考问题，并用5分钟的时间阅读课文。 思考以下三个问题： （1）水在生物体中的含量有什么特点？ （2）细胞中的水以什么形式存在？有什么作用？ （3）无机盐以什么形式存在？有何功能？ 在学生看书的过程中，引导学生进行探讨。	思考并回答：水和无机盐。 阅读教材第34~35页的内容，思考和讨论教师提出的关于细胞中无机物的几个问题。

（续上表）

教学内容	教师活动	学生活动
细胞中的水	提出问题： （1）请同学们观察两幅图片（展示老人和小孩脸部皮肤对比图），一幅是5岁时的脸部皮肤，一幅是70岁时的脸部皮肤，它们有何不同？ （2）请问各位同学，这是由什么不同引起的呢？ （3）这说明水在生物体的含量有什么特点？	5岁时的皮肤有弹性、有光泽、光滑水嫩，70岁时的皮肤又黑又干、又皱又没弹性。 皮肤含水量不同。 不同年龄段含水量不同。
细胞中的水	（4）根据资料分析，水母的含水量高达97%，而人只有60%，这又说明什么？ （5）红楼梦里有个美女，她经常做一件事：哭。所以有句话说：女人都是水做的！但是课本告诉我们：女人含水量为52%~58%，男人为60%~65%，从生物学的角度看，男人更应该是水做的。这说明什么？ （6）引导学生进入“细胞中水的存在形式”的学习。 水究竟是以什么形式存在于细胞中的呢？什么是自由水？什么是结合水？请大家思考：我们切开西瓜的时候流出来的水是细胞中的什么水？新鲜鸡蛋清的液态胶状物中的水又是什么水？ 要求学生思考和辨别自由水和结合水。举例提问：我们晒稻谷晒掉的“水”以及晒干的种子拿去烤，烤掉的“水”这两种水之间的差别是什么？为什么？ 总结对比自由水和结合水的特点后引导学生总结自由水和结合水在细胞中的功能和作用。	不同生物，含水量不同。 同种生物不同个体，含水量不同。有学生甚至提出：同种生物不同器官含水量不同。 思考并回答教师提出的问题，对比辨别细胞中的自由水和结合水。 结合水的功能： 作为细胞的重要结构物质。 自由水的功能： 水是生化反应的良好溶剂，为细胞生活提供液体环境，运输代谢废物和养料。

（续上表）

教学内容	教师活动	学生活动
细胞中的无机盐	从学生的日常生活问题导入： （1）有的同学平时可能有过这样的体会，蹲下去后站起来会感觉两眼发黑，头昏脑涨。这是为什么呢？ （2）可是贫血有多种诱因，这种贫血可能是什么引起的呢？ （3）铁是红细胞必不可少的一种无机盐。它以什么形式存在于细胞中呢？ （4）其他无机盐离子在细胞中的存在形式以及含量大小如何？它们含量少是否说明它们的作用小呢？有什么例子可以说明？	贫血。 缺铁。 离子。 对于这个问题，所有学生都沉默了。这可能是因为学生平时比较少了解这方面的知识，或者几乎没有留意，也不善于总结和归纳。
细胞中的无机盐	（5）播放广告：（部分对白：服用哈药六厂生产的“钙中钙”含片，一口气上六楼，腰不疼，腿不酸……牙好，胃口就好，身体棒，蓝天六必治……身体健康请食用加碘食盐……） （6）请问缺钙会引起什么症状？缺碘呢？植物缺镁？	学生边看广告边思考。 骨质疏松；大脖子病；叶片变黄。
小结巩固	引导学生小结本节课的主要内容。	回顾本节课的主要内容。
练习强化	布置学生完成本节课的相关练习。	学生完成练习。

三 案例评析

（一）设疑导入新课，引发学生思考

【镜头回放】

※ 创设情境，导入新课 ※

教师：通过前面的学习，我们了解了细胞中的四种有机物。除了有机物，细胞中还有无机物，那么细胞中的无机物有哪些呢？

学生：水和无机盐。

教师：很好。细胞中的水和无机盐是以什么形式存在于细胞中的？它们又有什么作用？这是我们本节课要学习的内容。请大家翻开课本第 34 页，并用 5 分钟的时间阅读全文。思考以下在三个问题：

（1）水在生物体中的含量有什么特点？

（2）细胞中水以什么形式存在？又有什么作用？

（3）无机盐以什么形式存在？有何功能？

在看书的过程中如有什么疑问，可以与旁边的同学进行探讨。

【设计意图】

以复习提问的方式切入新课，让学生带着问题进行阅读、探讨，目的明确，能快速对本节课的内容有一个大致的了解。

【品析小结】

以问题为主线导入新课，激发学生的学习兴趣。

（二）利用生活实例学习“生活中”的水

【镜头回放】

※ 细胞中的水 ※

教师：大多数同学都已经看完了。下面我们来解决刚才提出的几个问题。这几个问题反映的内容就是我们这节课的重难点。请同学们观察这两幅图片（展示老人和小孩脸部皮肤对比图），一幅是 5 岁时的脸部皮肤，一幅是 70 岁时的脸部皮肤，它们有何不同？

学生：5 岁时的皮肤有弹性、有光泽、光滑水嫩，70 岁时的皮肤又黑又干、又皱又没弹性。

教师：同学们总结得非常好！那么请问各位同学，这是由什么不同引起的呢？

学生：（齐答）皮肤含水量不同。

教师：很好。这说明水在生物体的含量有什么特点？

学生：不同年龄段含水量不同。

教师：不错。根据资料分析，水母的含水量高达 97%，而人只有 60%，这又说明什么？

学生：不同生物含水量不同。

教师：红楼梦里有个美女（学生：林黛玉！）她经常做一件事（学生：哭！）所以有句话说：女人都是水做的！（学生笑）但是课本告诉我们：女人含水量为52%~58%，男人为60%~65%。从生物学的角度看，男人更应该是？（学生大声：水做的！）这说明？（学生齐声：同种生物不同个体，含水量不同。有学生甚至提出：同种生物不同器官含水量不同。）

教师：好！非常好！同学们说得都对！以上就是我们要了解的水的含量特点。那么，这些水究竟是以什么形式存在于细胞中的呢？

学生：自由水和结合水。

教师：什么是自由水？什么是结合水？我们切开西瓜的时候流出来的水是细胞中的什么水？新鲜鸡蛋清的液态胶状物中的水又是什么水？

学生：切开西瓜的时候流出来的水是自由水！（教师：为什么？）因为这些水没有与其他物质结合，可以自由流动。（教师：新鲜鸡蛋清的液态胶状物中的水呢？）是结合水。（教师：为什么？）因为这部分水已经与蛋白质等大分子物质结合在一起，不能自由流动。（教师：同学们说得对，这部分水已经失去了流动性和作为溶剂的作用，仅是细胞和生物体的组成成分。）

教师：很好。现在大家能辨别什么是自由水，什么是结合水了吗？（学生：能！）好，我们晒稻谷晒掉的水是？（学生：自由水。）我们把晒干的种子拿去烤，烤掉的水是？（学生：结合水。）这样的种子还能发芽吗？（学生：不能。）为什么？（学生：因为种子细胞的结构已经受到破坏。）很好，这说明结合水有什么功能？

学生：作为细胞的重要结构物质。

教师：很好！那么水还有其他功能吗？

学生：有！水是生化反应的良好溶剂，为细胞生活提供液体环境，运输代谢废物和养料。

教师：后面说的这三项是什么水的功能？

学生：自由水。

【设计意图】

利用各种日常生活中与水相关的例子，学习水的存在形式、含量和功能等，便于学生理解，容易达成学习目标。

【品析小结】

从学生的认知水平出发，利用生活中常见的例子，激发学生的学习兴趣，让学生全身心地投入课堂学习中，深入浅出，教学效果好。

（三）利用感性认识，学习“生活中”的无机盐

【镜头回放】

※ 细胞中的无机盐 ※

教师： 好。同学们已经顺利解决了老师所给的两道思考题。下面我们再来解决第三道思考题。有的同学平时可能有过这样的体会，蹲下去后站起来会感觉两眼发黑，头昏脑涨。这是为什么呢？

学生： 贫血。

教师： 对，是贫血。贫血有多种诱因，其中一种就是因为缺乏一种无机盐，是什么呢？

学生： 缺铁。

教师： 对。所以铁是红细胞必不可少的一种无机盐。它以什么形式存在于细胞中呢？

学生： 离子。

教师： 其他无机盐呢？

学生： 大多数也是以无机盐离子的形式存在。

教师： 这些无机盐离子在细胞中的含量是多还是少呢？

学生： 很少。

教师： 它们含量少是否说明它们的作用小呢？

学生： 不是。

教师： 为什么？有什么例子可以说明？（对于这个问题，所有学生都沉默了。这可能是因为他们平时比较少了解这方面的知识，或者几乎没有留意，也不善于总结和归纳。）

教师播放广告：服用哈药六厂生产的“钙中钙”含片，一口气上六楼，腰不疼，腿不酸……牙好，胃口就好，身体棒，蓝天六必治……身体健康请食用加碘海盐……

教师： 请问缺钙会引起什么症状？（学生：骨质疏松。）缺碘呢？（学生：大脖子病。）植物缺镁？（学生：叶片变黄。）大家回答得都很好。结合课本，我们从上述的一些例子中可以得出无机盐的功能是……

【设计意图】

学生在生活中对无机盐的作用基本上都有感性认识，因此从学生的感性认识出发，联系实际，激发兴趣，加深理解，易达成教学目标。

【品析小结】

这个广告片段很多学生在电视上已经看过，只是不知道里面蕴含着与本节课相关的知识，教师要做的就是引导学生从感性认识上升到理性认识。同时也应向学生指出：学习不能脱离实际，应注重与生活的联系。

四 教学反思与建议

整节课课堂气氛活跃，学生参与度高，教学效果较理想。回顾整节课的教学，做得比较好的是：①充分贴近学生的生活。生活离不开生物，生物离不开生活。本节课多次讲解生活实例，例如，老人与小孩的皮肤对比；男人与女人含水量的对比；回忆缺铁性贫血的感受；电视中的广告等。这都说明了学生有许多实际的经验和“发现”，只要积极性调动得好，并给予学生表达和交流的机会，科学教育就更能生活化。所以教学中要是能从学生熟悉的生活世界出发，选择学生身边的事物，提出有关的生物问题，这无疑是可以激发学生的兴趣与动机的。②以学生为主体。整节课的教学基本都是以问答的形式进行的，通过一系列生活实例激发学生的兴趣，让他们参与其中并积极回答，感悟课本的知识。注重引导学生积极参与到教学的各个环节中，避免教师的“一言堂”，从而充分体现学生在教学中的主体地位，使学生真正成为课堂的主人。③注重与学生的情感交流。贯穿整节课，教师始终要以自然、平和、亲切的语气和适当的身体语言引导学生一步步揭开教学内容的面纱，并适时地给予学生鼓励和表扬。这些可以大大缩短师生之间的距离，使课堂教学气氛融洽，使学生乐于接受教学，达到良好的教学效果。

建议：①课堂教学中，学生思想天马行空，有些问题学生的回答会偏离预定的答案，如何有效地组织学生相互交流很值得注意。②课前应有充分的准备。如可让学生查找相关资料，在课堂上进行表达和交流，加深记忆。③教学过程中教学语言及所举例子的科学性与严谨性值得注意。

五 课标在线

生物教学注重与现实生活的联系

生物科学与人们的日常生活、医疗保健、环境保护、经济活动等方方面面密切相关。《标准》注重使学生在现实生活的背景中学习生物学，倡导学生在解决实际问题的过程中深入理解生物学的核心概念，并能运用生物学的原理和方法参与公众事务的讨论或作出相关的个人决策；同时注意帮助学生了解相关的职业和学习方向，为他们进一步学习和步入社会做好准备。

六 活动与检测

透过我们生活的世界，利用生物学知识对生活现象进行分析解释，让生物教学生活化，给学生带来乐趣的同时也提升学生的成就感。

如讲到无机盐的时候，让学生关注孕妇和小孩为什么要注意及时补充钙、铁、锌，如果缺乏会有什么后果；为什么有的人注意补钙但始终还是有缺钙的症状；小孩多晒太阳为什么可以防止佝偻病的发生；为什么我们不提倡空腹喝牛奶；为什么早上不吃早餐会影响听课的效率；为什么长跑运动员在比赛前通常要吃一块巧克力等。

请思考在“光合作用和呼吸作用”教学的导入环节，应该如何做到联系现实生活？

七 课外阅读与拓展

1. 李脉 .“细胞中的无机物”教学设计 [J]. 中学生物学，2011（9）.

2. 郭小平 .“细胞中的无机盐”教学设计 [J]. 考试周刊，2011（56）.

3. 杨学志，张静 . 课堂教学中问题意识的培养 ——“细胞中的无机物”教学例举 [J]. 生物学通报，2006（8）.

4. 中国数字科技馆 .http://www.cdstm.cn.

5. 全品教学网 .http://www.canpoint.cn.

6. 生物教师教育 .http://life.ecnu.edu.cn.

案例3 从多个侧面评价学生的探究能力

——“探究植物细胞的吸水和失水”案例分析

一 案例背景

本节课为人教版高中生物必修1第四章第一节的内容。探究植物细胞吸水和失水的实验，是提高探究能力和科学素养的良好素材。探究活动“植物细胞的吸水和失水”与旧版教科书中“观察植物细胞的质壁分离和复原”的验证不同，它是让学生通过探究活动自主发现原生质层是否相当于一层半透膜，以及水分子进出细胞的条件等问题。

探究植物细胞的吸水和失水实验重在做好引导。在细胞吸水和失水问题上，植物细胞和动物细胞应该相近吗？如果相近，植物细胞与动物细胞又有什么不同之处呢？这就需要探究活动来解决了。

高中学生具备一定的知识水平，思维能力、学习能力也得到一定的发展。但在实验技能方面还相当欠缺，加之这是必修课中的第一个“探究”，学生在提出问题、作出假设和设计实验等环节都还缺乏训练，因此，教师在教学过程中要特别注意引导学生自主突破难点。

【教学目标】

（一）知识目标

（1）举例说明细胞膜是选择透过性膜；

（2）阐明植物细胞吸水和失水的原理。

（二）能力目标

（1）尝试提出问题，作出假设；

（2）进行植物细胞吸水和失水的实验设计和操作。

（三）情感目标

（1）体验探究的一般过程，形成积极思考、大胆质疑的思维方法；

（2）认同无论做什么事情都要把握好分寸，适可而止的观点。

【教学重难点】

（一）教学重点

（1）细胞膜是选择透过性膜；

（2）植物细胞吸水和失水的原理。

（二）教学难点

提出问题，作出假设，设计探究方案。

教学过程

教学过程

<table>
<tr><th>教学内容</th><th>教师活动</th><th>学生活动</th></tr>
<tr><td>导入并提出问题，作出假设</td><td>创设情境：
当你把白菜剁碎准备做馅时，常常要放一些盐，稍等一会儿就可见到有水分渗出。对农作物施肥过多，会造成“烧苗”现象。蔫了的菜叶放入清水中浸泡一会儿就会硬挺起来，叶面展开。这是为什么？（激发学生探究的兴趣）
植物细胞在什么情况下失水，在什么情况下吸水？细胞的原生质层相当于一层半透膜吗？</td><td>讨论回答：当外界溶液浓度大于细胞内溶液浓度时，细胞失水；当外界溶液浓度小于细胞内溶液浓度时，细胞吸水。

思考讨论教师提出的问题，并作出细胞的原生质层相当于一层半透膜的假设。</td></tr>
<tr><td>设计实验</td><td colspan="2">在教师的指导下，学生讨论并设计实验。
（1）材料：紫色洋葱鳞片叶。
（2）用具：刀片、镊子、滴管、载玻片、盖玻片、吸水纸、显微镜、烧杯等。
（3）试剂：质量分数为30%的蔗糖溶液、60%的蔗糖溶液、2%的KNO_3溶液。
（4）实验步骤：
① 制作洋葱鳞片叶外表皮的临时装片。
② 用低倍显微镜观察洋葱鳞片叶外表皮细胞中紫色的中央液泡的大小以及原生质的位置，然后再换用高倍镜观察。
③ 从盖玻片的一侧滴入溶液，在盖玻片的另一侧用吸水纸吸水。这样重复几次，盖玻片下面的洋葱鳞片叶外表皮就浸润在溶液当中。
④ 用低倍镜观察，看细胞的中央液泡是否逐渐变小，原生质层在什么位置，细胞大小有没有变化，然后再换用高倍镜观察。</td></tr>
</table>

（续上表）

<table>
<tr><th>教学内容</th><th>教师活动</th><th>学生活动</th></tr>
<tr><td>设计实验</td><td colspan="2">⑤ 在盖玻片的一侧滴入清水，在盖玻片的另一侧用吸水纸吸水。这样重复几次，洋葱鳞片叶外表皮又浸润在清水中。
⑥ 用低倍镜观察，看中央液泡有没有变化，原生质层的位置有没有变化，细胞的大小有没有变化。</td></tr>
<tr><td>进行实验</td><td colspan="2">让学生进行三组实验即制作和观察三个临时装片，观察后填表。
（1）第一个装片滴入的是 2% 的 KNO_3 溶液，当观察到质壁分离时暂不进行实验步骤的⑤⑥步，等对第三个装片观察后再对其进行观察。
<table>
<tr><th>溶液</th><th>中央液泡的大小</th><th>原生质层的位置</th><th>细胞的大小</th></tr>
<tr><td>2% 的 KNO_3</td><td></td><td></td><td></td></tr>
<tr><td>能否自动复原</td><td></td><td></td><td></td></tr>
</table>
（2）第二个装片滴入的是 30% 的蔗糖溶液，让学生体验质壁分离和复原的过程。
<table>
<tr><th>溶液</th><th>中央液泡的大小</th><th>原生质层的位置</th><th>细胞的大小</th></tr>
<tr><td>30% 的蔗糖溶液</td><td></td><td></td><td></td></tr>
<tr><td>清水</td><td></td><td></td><td></td></tr>
</table>
（3）第三个装片滴入的是 60% 的蔗糖溶液。
<table>
<tr><th>溶液</th><th>中央液泡的大小</th><th>原生质层的位置</th><th>细胞的大小</th></tr>
<tr><td>60% 的蔗糖溶液</td><td></td><td></td><td></td></tr>
<tr><td>清水（能否复原）</td><td></td><td></td><td></td></tr>
</table>
（4）观察第一个装片，看看是否能发生质壁分离复原。</td></tr>
<tr><td>分析结果，得出结论</td><td>实验设计三种溶液，目的在于体现探究者的多角度探索，不同的人会用不同的溶液或同一种溶液的不同浓度。不同的溶液可能会出现不同的结果，这就告诉我们只有在探索中认真分析结果后才能得出正确的结论。
（1）当我们滴加 30% 的蔗糖溶液后，细胞发生质壁分离，这说明了什么？而当滴加清水后，细胞又发生质壁分离的复原，这又说明了什么？我们的假设成立吗？</td><td>说明了当外界溶液浓度大于细胞内溶液浓度时，细胞失水；而当滴加清水后，细胞又发生质壁分离的复原，说明当外界溶液浓度小于细胞内溶液浓度时，细胞吸水。这说明我们的假设是成立的。</td></tr>
</table>

（续上表）

教学内容	教师活动	学生活动
分析结果，得出结论	（2）当我们用的溶液是 2% 的 KNO_3 时，发现细胞发生质壁分离，但不久之后又能自动复原。有些人会认为当外界浓度高于细胞内溶液浓度时，细胞又失水又吸水，这与假设有冲突，因此有人认为假设是不成立的。你认为呢？ 当我们遇到与假设不吻合的现象或结果时，不要急于否定结果，要多查阅资料，多思考，认真分析之后再下结论。 （3）当我们用的是60%的蔗糖溶液时，结果发现能发生质壁分离，但当滴加清水时不能复原。为什么？ 在此也可同时进行情感教育，即无论做什么事情都要把握好分寸，适可而止。因为物极必反。	学生讨论，认真分析之后得出结论：用 2% 的 KNO_3 溶液的时候，开始外界浓度大于细胞内溶液的浓度，细胞失水发生质壁分离，但 K^+ 和 NO^- 能被选择性吸收进入细胞内，随着 K^+ 和 NO^- 不断进入细胞内，当外界的浓度小于细胞内溶液的浓度时，细胞又开始吸水自动复原。因此，这还是跟我们的假设相吻合的。 当外界浓度过高时，细胞严重失水而死亡，死细胞不能发生质壁分离复原。
表达交流	各小组之间进行实验心得交流及组内、组间评价，相互听取各自的意见，对本小组的实验方案进行修改或进一步探究新的问题。最后，教师进行客观公正的评价。	
布置作业	思考问题：植物细胞会因过多吸水而涨破吗？	认真完成作业。

三 案例评析

（一）提出问题，作出假设

【镜头回放】

※ 导入并提出问题，作出假设 ※

教师：当你把白菜剁碎准备做馅时，常常要放一些盐，稍等一会儿就可见到有水分渗出。对农作物施肥过多，植物细胞会失水，会造成“烧苗”现象。蔫了的菜叶放入清水中浸泡一会儿就会硬挺起来，叶面展开。植物细胞在什么情况下失水，在什么情况下吸水？细胞的原生质层相当于一层半透膜吗？

学生：当外界溶液浓度大于细胞内溶液浓度时，细胞失水；当外界溶液浓度小于细胞内溶液浓度时，细胞吸水。

【设计意图】

展示生物现象，引导学生从中发现问题、提出问题，并作出假设。

【品析小结】

创设情境，给学生提出问题的机会。从身边的生活现象进行科学探究，注重与现实生活的联系，符合认知的一般规律。

（二）设计方案，操作实验

【镜头回放】

※ 设计实验 ※

（1）材料：紫色洋葱鳞片叶。

（2）用具：刀片、镊子、滴管、载玻片、盖玻片、吸水纸、显微镜、烧杯等。

（3）试剂：质量分数为30%的蔗糖溶液、60%的蔗糖溶液、2%的KNO_3溶液。

（4）实验步骤：

① 制作洋葱鳞片叶外表皮的临时装片。

② 用低倍显微镜观察洋葱鳞片叶外表皮细胞中紫色的中央液泡的大小以及原生质的位置，然后再换用高倍镜观察。

③ 从盖玻片的一侧滴入溶液，在盖玻片的另一侧用吸水纸吸水。这样重复几次，盖玻片下面的洋葱鳞片叶外表皮就浸润在溶液当中。

④ 用低倍镜观察，看细胞的中央液泡是否逐渐变小，原生质层在什么位置，细胞大小有没有变化，然后再换用高倍镜观察。

⑤ 在盖玻片的一侧滴入清水，在盖玻片的另一侧用吸水纸吸水。这样重复几次，洋葱鳞片叶外表皮又浸润在清水中。

⑥ 用低倍镜观察，看中央液泡有没有变化，原生质层的位置有没有变化，细胞的大小有没有变化。

※ 进行实验 ※

让学生进行三组实验即制作和观察三个临时装片，观察后填表。

（1）第一个装片滴入的是2%的KNO_3溶液，当观察到质壁分离时暂不进行实验步骤的⑤⑥步，等对第三个装片观察后再对其进行观察。

溶液	中央液泡的大小	原生质层的位置	细胞的大小
2% 的 KNO_3			
能否自动复原			

（2）第二个装片滴入的是 30% 的蔗糖溶液，让学生体验质壁分离和复原的过程。

溶液	中央液泡的大小	原生质层的位置	细胞的大小
30% 的蔗糖溶液			
清水			

（3）第三个装片滴入的是 60% 蔗糖溶液。

溶液	中央液泡的大小	原生质层的位置	细胞的大小
60% 的蔗糖溶液			
清水（能否复原）			

（4）观察第一个装片，看看是否能发生质壁分离复原。

【设计意图】

培养学生分析问题、解决问题的能力。

【品析小结】

以问题串联的形式引导学生进行探究，让学生体验设计实验的方法步骤，锻炼学生分析问题的能力。

（三）分析结果，得出结论

【镜头回放】

※ 分析结果，得出结论 ※

学生讨论，在教师引导下得出结论，学生代表发言。

学生 A：当我们滴加 30% 的蔗糖溶液后，细胞发生质壁分离，说明当外界溶液浓度大于细胞内溶液浓度时，细胞失水；当滴加清水后，细胞又发生质壁分离的复原，说明当外界溶液浓度小于细胞内溶液浓度时，细胞吸水。这说明我们的假设是成立的。

学生 B：当我们用的溶液是 2% 的 KNO_3 时，发现细胞发生质壁分离，但不久之后又能自动复原。有些人认为当外界浓度高于细胞内溶液浓度时，细胞又失水又吸水，这与假设有冲突，因此有人认为假设是不成立的。

教师：（引导学生）当我们遇到与假设不吻合的现象或结果时，不要急于去否定结果，要多查阅资料，多思考，认真分析之后再下结论。

学生讨论，认真分析之后得出结论：用 2% 的 KNO_3 溶液的时候，开始外界浓度大于细胞内溶液的浓度，细胞失水发生质壁分离，但 K^+ 和 NO_3^- 能被选择性吸收进入细胞内，随着 K^+ 和 NO_3^- 不断进入细胞内，当外界的浓度小于细胞内溶液的浓度时，细胞又开始吸水自动复原。因此，这还是跟我们的假设相吻合的。

学生 C：当我们用的是 60% 的蔗糖溶液时，结果发现能发生质壁分离，但当滴加清水时不能复原。原因是当外界浓度过高时，细胞严重失水而死亡，死细胞不能发生质壁分离复原。

教师抓住时机进行情感教育，教育学生无论做什么事情都要把握好分寸，适可而止。因为物极必反。

【设计意图】

实验设计三种溶液的目的在于体现探究者的多角度探索，不同的人会用不同的溶液或不同浓度的同一种溶液。不同的溶液可能会出现不同的结果，这就告诉我们只有在探索中认真分析结果后才能得出正确的结论。

【品析小结】

实验中增加了 60% 的蔗糖溶液和 2% 的 KNO_3 溶液，让学体验在科学研究中会碰到这样或那样的问题，科学研究并不是一帆风顺的，当我们遇到问题的时候，要有耐心，要多查阅资料，多思考，认真分析，不要急于否定结果，从而形成积极思考、大胆质疑的思维方法，达成教学三维目标。

（四）表达与交流

【镜头回放】

※ 表达交流 ※

各小组之间进行实验心得交流及组内、组间评价，相互听取各自的意见，对本小组的实验方案进行修改或进一步探究新的问题。最后，教师再从多个方面进行客观公正的评价。

【设计意图】

从多个侧面评价学生的探究能力。

【品析小结】

通过表达交流，培养学生的表达能力、交流能力、合作能力。同时也从多个侧面评价学生的探究能力。

四 教学反思与建议

本案例首先创设情境，给学生提出问题的机会。认真研读教材，我们会发现人教版教材中呈现了许多培养学生提出问题的情境，其目的不全是让学生在本节课中寻找这些问题的答案，而是重在培养学生尝试提出问题、作出假设的能力。

本实验通过问题串联的形式引导学生进行自主探究，学生从中领悟科学探究的一般方法。综合使用层进设问法、讨论法、探究法等教学方法开展教学活动，训练了学生各项技能，培养了学生多方面的能力，尤其是发现问题并能尝试提出问题、作出假设。

通过植物细胞的质壁分离和复原实验，证明水分子是可以出入细胞原生质层的物质，而且水分子进出细胞的方向取决于细胞膜两边溶液的浓度，细胞吸水和失水是水分子顺相对含量梯度进行跨膜运输的过程；同时也证明细胞膜是选择透过性膜，因为蔗糖分子不能像水分子那样进出细胞膜。在这个实验的过程中，学生不仅学到了基本知识，而且了解了科学探究的基本过程，即提出值得探究的问题，建立合理的假设，领悟提出问题、搜寻事实、捕获信息、立论解释的科学思维过程。在经历实验材料和方法的选择、实验设计、实验过程和结果分析等一系列探究活动的过程中，既体验科学探究的基本过程和方法，又培养质疑、求实、创新的科学态度和精神。

建议：在实验教学过程中，一定要重视“体验”。让学生融入其中才能真正有利于培养学生的生物科学素养。

五 课标在线

从多个侧面评价学生的探究能力

对学生探究能力的评价应根据探究活动的类型来设计，例如，对实验探究能力的评价可包括以下工作的情况：

1. 提出问题和作出假设

（1）确定一个可以通过探究活动回答的问题；

（2）说出与问题有关的背景知识；

（3）作出一种可检验的假设。

2. 制订实验计划

（1）明确实验目的；

（2）陈述自变量和因变量的关系；

（3）描述观察或测量变量的方法；

（4）列出重要的步骤和材料器具。

3. 实施实验计划

（1）执行实验计划中规定的步骤；

（2）记录实验现象和数据；

（3）重复收集实验数据；

（4）处理实验数据。

4. 阐述和交流实验结果与结论

（1）根据实验现象和数据得出结论；

（2）应用有关的科学知识解释结论；

（3）说出假设是否得到支持；

（4）完成实验报告；

（5）对探究过程进行反思和评价。

六 活动与检测

在教学中，学生提出这样一个问题：植物不同部位或者不同器官之间在生长过程中有没有相互影响呢？据此可以设计一个探究性的课题来评价学生的探究能力。

探究课题：探究植物生殖器官对营养器官生长的影响。

评价方式：要求学生书面设计一个探究实验。依据“课标在线”中的探究能力目标，设计本课题的探究能力评价要点。

七 课外阅读与拓展

1. 闫立.“探究植物细胞吸水和失水”实验教学的创新设计[J].新课程（上），2013（2）.

2. 樊景新.利用“葱”动态演示“植物细胞吸水和失水”实验[J].生物学教学，2010（8）.

3. 方许武.“植物细胞吸水和失水原因”一节教学难点的突破[J].生物学教学，2012（5）.

4. 刘虹，钟虎，卞伯云.“探究植物细胞的失水和吸水”实验的又一种教学尝试[J].中学生物教学，2013（7）.

5. 人教网高中生物.http://www.pep.com.cn/gzsw/index.htm.

6. 高中生物资源索引.http://sw.smez.net.

案例 4 加强实验和其他实践活动的教学

——“绿叶中色素的提取与分离”案例分析

一 案例背景

本节课是人教版高中生物必修 1 第五章第四节“能量之源——光与光合作用”第一课时“捕获光能的色素和结构”的内容。它是必修 1 的重点内容之一，也是高考考点之一，对于学习必修 3“生态系统的物质循环和能量流动”具有十分重要的意义。而且本节内容常与呼吸作用综合进行实验设计、实验分析以及对生产中的实例分析，所以让学生进行实验操作十分重要。

学生在初中已经或多或少地学过光合作用的有关知识；在必修 1 第三章中又学习了叶绿体的显微结构，以及从第四章的“细胞的能量‘通货’——ATP”一节中知道光合作用是合成 ATP 的重要途径之一。至此，学生已经具备进一步学习叶绿体的亚显微结构和光合作用原理的知识基础和兴趣，本节课就是要在原有的基础上有所提高。

【教学目标】

（一）知识目标

（1）说出绿叶中色素的种类和作用；

（2）初步学会提取和分离绿叶中色素的方法。

（二）能力目标

正确使用实验器材，完成“绿叶中色素的提取和分离”的实验操作。

（三）情感目标

（1）积极参与实验过程，体验科学实验的严谨性，培养学生的科学态度；

（2）借助对实验现象和结果的交流与讨论，正确认识自我、评价自我。

【教学重难点】

（一）教学重点

（1）提取和分离叶绿素中色素的方法，明确实验过程中所使用药品的作用；

（2）绿叶中色素的种类和作用。

（二）教学难点

（1）对实验原理的理解和叶绿体色素的提取；

（2）分离叶绿体色素中滤液细线的画法；

（3）对实验结果进行反思和自我评价。

二 教学过程

教学过程

教学内容	教师活动	学生活动
情境导入，提出问题	创设情境： 用图片展示对比白化苗和正常苗的生活情况，提出问题：为什么存在这样的差别？ 再进一步提出问题：绿叶中会有哪些种类的色素？它们分别是什么颜色？在绿叶中它们的含量是否相同？	与教师一起体会处处充满信息的生活，观察图片并思考。 因为正常苗有捕获光能的色素，可以进行光合作用。
实验原理	设疑：为什么实验要用无水乙醇和层析液？没有层析液该怎么办？ 引导学生自主阅读课本相关内容，让学生弄懂实验原理。	阅读资料，并思考教师提出的问题。
图片展示操作步骤	（1）提取绿叶中的色素。 问题：①加入 SiO_2 和 $CaCO_3$ 的目的分别是什么？ ②为什么要用棉塞将试管口塞严？ （2）制备滤纸条。 （3）画滤液细线。 问题：细线如果画得过粗，对实验结果有何影响？ （4）分离绿叶中的色素。 问题：如果层析液加入过多，淹没了滤纸条上的滤液细线，对实验结果有何影响？	认真观看图片展示的实验操作过程，思考并回答教师提出的问题。
学生分组进行实验操作	全班共有 64 位同学，分成 8 组进行实验操作。所需药品器材由实验室管理老师配齐。	动手实验，在实验过程中注意进行思考分析和总结。

（续上表）

教学内容	教师活动	学生活动
总结与交流	（1）结果：实验总体失败。多数实验组并没有得到预期结果。 （2）原因分析： ① 因为要进行实验操作，多数学生比较兴奋，没有留意教师的讲述和展示操作要点，所以操作失败； ② 研磨应该加入无水乙醇，有实验组错加了层析液； ③ 叶片研磨不充分； ④ 滤液细线画得不好； ⑤ 滤纸条裁剪不合规格； ⑥ 操作不当，整条滤纸掉到试管中或层析液淹没滤液细线。	总结实验失败的原因并反思，从中得到经验教训。
结束课堂	提醒学生整理实验桌，清洗自己的手等。	学生做好整理工作。
布置作业	课后填写实验报告，并思考如果选用其他实验材料，如韭黄、小麦等，进行提取色素的实验，观察结果有何异同？	认真完成作业。

三 案例评析

（一）创设问题情境，激发探究兴趣

【镜头回放】

※ 情境导入，提出问题 ※

教师：（用图片展示对比白化苗和正常苗的生活情况）为什么存在这样的差别？

学生：因为正常苗有捕获光能的色素，可以进行光合作用。

教师：绿叶中会有哪些种类的色素？它们分别是什么颜色？在绿叶中它们的含量是否相同？

学生思考并回答。

【设计意图】

激发学生探究绿叶中色素种类的兴趣。

【品析小结】

问题情境的创设很好，容易将学生探究的欲望激发出来，从而导入新课。当然，平时还可带学生到学校生物园或校园绿化区采集植物落叶标本等，直观地感受叶绿体中色素的存在与作用。

（二）问答式互动推进教学过程

【镜头回放】

※ 实验原理 ※

教师：（用图片展示实验操作要点）实验原理中，为什么实验要用无水乙醇和层析液？没有层析液该怎么办？

学生思考并理解实验原理。

※ 图片展示操作步骤 ※

教师用图片展示操作步骤：

（1）提取绿叶中的色素。

①加入 SiO_2 和 $CaCO_3$ 的目的分别是什么？

②为什么要用棉塞将试管口塞严？

（2）制备宰滤纸条。

（3）画滤液细线。

教师需讲解清楚并示范，以突破难点。细线如果画得过粗，对实验结果有何影响？

（4）分离绿叶中的色素。

教师：如果层析液加入过多，淹没了滤纸条上的滤液细线，对实验结果有何影响？

学生通过逐个问题的问答，学习实验原理，了解药品的作用。

教师分组让学生进行实验操作，同时注意巡视、指导，参与某些小组的实验和问题探讨等。

学生动手实验，并在实验过程中对实验现象及结果进行思考分析和总结。

【设计意图】

让学生亲身体验实验的探究过程，每个学生都参与到实验中。

【品析小结】

学生经过初中的学习，有了一定的实验能力，本实验是为了让学生在尝试中不断进步。实验过程中，教师通过巡视、指导，参与某些小组的实验和问题探讨，了解学生的实验操作情况。对学生不熟悉的操作，仔细分析，强调要点，用同组比较的方法让学生在实践中得出结论。同时引导学生分析实验结果和现象，总结经验。对实验过程进行自我评价，正确地从知识的掌握、能力的锻炼、思维的方式等多方面评价自己。最后根据实验的结果归纳色素的种类，并通过联系生活中的常见实例，更好地掌握色素的性质以及与叶片的颜色关系，激发学生的学习兴趣。

（三）总结与交流

【镜头回放】

※ 总结与交流 ※

多数实验组并没有得到预期结果。

教师引导小组分析实验结果，找出失败原因，并请小组代表发言。

学生 1：因为要进行实验操作，多数同学比较兴奋，没有留意教师的讲述和展示操作要点，所以操作失败。

学生 2：研磨应该加入无水乙醇，有实验组错加了层析液。

学生 3：叶片研磨不充分。

学生 4：滤液细线画得不好。

学生 5：滤纸条裁剪不合规格。

学生 6：操作不当，整条滤纸掉到试管中或层析液淹没滤液细线。

教师评价各小组的结果及其分析，提出各小组的改进措施。

【设计意图】

培养学生科学实验的思维方式，掌握科学实验的基本步骤和要领。通过小组分析实验结果，找出失败的原因，让学生体验科学实验的严谨性，培养学生的科学态度。

【品析小结】

虽然多数实验组没能得到预期结果，但通过讨论与交流很好地达成了情感目标。建议教师在各小组亲身尝试实验后，播放该实验的正规操作视频给学生看，便于学生找出自己在操作中的错误。

四 教学反思与建议

实验教学是生物教学的重要环节。但普通高中由于多种原因常常使得生物实验教学成为鸡肋。这些原因包括课时不足、场地限制、经费不足、仪器设备老化、应试教育影响等。而学生进行实验操作的次数越少，就越难以形成科学探究的理念，甚至在操作过程中损坏仪器、浪费药品、存在种种安全隐患等。

推进学生的素质教育，应重视实验课的教学。政府、教育工作部门以及教育工作者应加强沟通，理论联系实际，摸索摆脱应试教育的教学新模式。学校应加大投入，重视实验教学，进一步完善实验室的建设和各种仪器设备用具的更新和配置。教师要重视实验课的教学，不要怕麻烦，应树立“一切为了学生的发展”的理念，不管进行一次实验的操作需要进行多久的前期准备，只要有机会，都要不厌其烦地让学生进行操作演练。这样才能加强实验的安全教育，增强学生自我保护的意识。

五 课标在线

加强实验和其他实践活动的教学

教师应尽可能多地让学生参与实验和其他实践活动。在同时拥有现实环境的实验条件和虚拟环境的模拟条件时，教师应首选现实环境，使学生身临其境，亲自动手。通过实验和其他实践活动，不仅可以帮助学生更好地理解和掌握相关的知识，有利于促进他们在观察、实验操作、科学思维、识图和绘图、语言表达等方面的能力的发展，也能促进学生尊重事实、坚持真理的科学态度的形成。

（1）学校应逐步完善生物学实验室的建设、仪器设备和用具的配置，保证实验教学经费的投入。生物学教师也应创造条件，就地取材、因陋就简地开设好生物学实验。

（2）增加低成本实验或其他实践活动。我国地域辽阔，生态环境和物种分布差异很大，课程标准提供的活动建议难以适应各地学校的条件。教师要根据实际情况，尽可能采用比较规范的实验仪器设备完成实验，条件不具备时，要充分利用当地常见的材料或废弃材料设计低成本实验，提高实验或其他实践活动的开出率。

（3）在重视定性实验的同时，也应重视定量实验，让学生在量的变化中了解事物的本质。教师应向学生提供机会学习量的测定，实事求是地记录、整理和分析实验资料、定量表述实验结果等。

（4）注意实验安全教育。安全使用实验器具和实验药品是生物学实验的基本技能，教师应强化安全教育，增强学生的自我保护意识。

六 活动与检测

在生物教学中，引导学生放开手脚，走向社会，把教材中一些贴近生活的问题通过综合实践活动来解决，可使学生拥有自己的学习空间和思维天地。

例如，在学到“性别决定和伴性遗传”时，可以带领学生开展“进社区做调查”的综合实践活动，针对某区域居民患病情况、患病概率及患病原因进行调查，让学生更直观地感受生物遗传。作为一名生物教师，你应该如何设计此次活动，说说你的具体方案。

七 课外阅读与拓展

1. 刘周 .“叶绿体中色素的提取与分离”教学设计和思考 [J]. 中学教学参考，2013（11）.

2. 王火蓉 . 例析新课程高中生物实验教学如何聚焦学生解题思维 [J]. 中学生物学，2013（3）.

3. 范树国，王朝英等 . 中学“叶绿体中色素的提取和分离”实验的优化 [J]. 江苏农业科学，2012（3）.

4. 赵群英，陈慧莎 . 绿叶中色素的提取和分离实验的新型层析装置 [J]. 教学仪器与实验，2013（10）.

5. 中国生物课程网 .http://bio.cersp.com.

6. 中国教育信息网 .http://www.chinaedu.edu.cn.

案例5 融入科学史教育，培养科学素养
——“光合作用的探究历程”教学案例

一 案例背景

“光合作用的探究历程”是人教版高中生物必修1第五章第四节“能量之源——光和光合作用”第二课时的内容。关于光合作用的探究历程，是建立在初中生物学教材讲述的光合作用的基础知识上，更深入地讲述了光合作用发现过程中的几个著名实验。教材以光合作用研究历史中的重要事件为线索，遵循科学家的探索思路，总结出光合作用的探究历程。此外，教材还结合鲁宾、卡尔文等科学家的实验，介绍了同位素标记法这一生物科学领域经常使用的研究方法。这不仅可以为讲解光合作用原理做好知识铺垫，而且更重要的是可以培养学生实事求是的科学态度和不断求索新知识的精神。

学生一般都有栽花种草的生活经验，或是通过报纸、杂志、广播、电视以及互联网等媒体，获得许多与本节基础知识有关的信息。对于学生来说，所有这些知识、经验都是学好本节内容的重要基础。另外，学生在上节课已经学习了光合作用的结构和物质基础，而本节课也是沿着科学家探索的脚步逐步揭开光合作用的奥秘，学生在学习上也能激起兴趣。而这些都为学好本节课创造了有利的条件。

【教学目标】

（一）知识目标

（1）举例说出光合作用的发现历程，说出科学探究的一般方法；

（2）说出光合作用的原料、产物、场所、条件等知识。

（二）能力目标

尝试探究影响光合作用强度的环境因素。

（三）情感目标

（1）参与光合作用探究历程中经典实验的问题讨论、交流，体验科学探究的艰辛；

（2）认同科学是在不断观察、实验、继承、争论中向前发展的。

【教学重难点】

（一）教学重点

（1）光合作用的探究历程；

（2）科学实验探究的基本方法。

（二）教学难点

光合作用发现过程中科学家设计实验的意图和结论。

三 教学过程

教学过程

教学内容	教师活动	学生活动
创设情境，导入新课	创设情境：班得瑞《寂静森林》的音乐响起，课件中展现出唯美华丽的两张同种植物的图片（一大一小），文字闪烁而出。 教师解读：两千多年前，古希腊学者亚里士多德认为植物之所以会长大，是因为根从土壤中吸收了养分，所以“土壤减少的重量＝植物增加的重量”。具体情况是不是这样呢？下面让我们一起来看看人们探究光合作用的历程。	学生进入情境之中，思考相关问题。
海尔蒙特的实验	（1）提出问题：亚里士多德的观点是否正确？ 在1642年，科学家海尔蒙特进行了柳条实验进行验证。 你们认为，海尔蒙特的实验应该如何设计？ 学生讨论后，派代表讲述海尔蒙特的实验设计。	三名学生代表谈了对设计实验的看法。 学生A：在花盆中种一株柳树，种植前分别对树和土壤称重。定期浇水，一段时间后再分别称树的重量和土壤的重量，进行比较，得出结论。 学生B：我的操作与A同学基本相同，但水里边可能含有一些其他的物质，它们也许对植物增重也有影响，应予以排除。

（续上表）

教学内容	教师活动	学生活动
海尔蒙特的实验	（2）教师总结：好，非常好，你们所设计的实验甚至比海尔蒙特的还要精密，更能说明问题。还有没有要补充的呢？ （3）对同学们有创见可实施的建议进行整合，提出一个最终的实验方案。那么海尔蒙特当时又是怎么想的呢？用图片展示海尔蒙特实验过程图，配以文字说明，列表展现实验有关数据。提出问题：海尔蒙特的实验可以得出什么结论？	学生 C：我认同 A 与 B 同学的看法。但是无比较不知长短，我认为实验应该设计至少三组可供对照。在其他条件相同的情况下，第一组浇自来水，第二组浇河水，第三组浇雨水。 学生：应该明确实验时间长度，以一年为期，观察柳树的生长情况；应该避免空气中的灰尘落入花盆中，以免影响实验结果。 学生：植物增加的重量≠土壤减少的重量。 植物增加的重量 = ？（学生：可能来自水分。）
普利斯特利的实验	教师总结海尔蒙特的实验。 （1）过渡：正是因为海尔蒙特的实验没有考虑植物能否从空气中得到什么，所以 1771 年，英国科学家普利斯特利再设计实验进行探究。用图片展示普利斯特利的实验装置和过程示意图，教师解说并提出问题：普利斯特利的实验能得出什么结论？ （2）很好，后来有人重复普利斯特利的实验操作却得到了完全相反的结果，说明普利斯特利的实验存在不足。这个不足是什么呢？该怎么解决？用图片展示英格豪斯的实验操作图。图片显示其两组实验中一组在光照情况下完成，一组在无光照情况下完成。提出问题：由此我们可以发现普利斯特利的实验存在什么不足？英格豪斯的实验又可以说明什么问题？	通过观察实验装置，结合海尔蒙特的实验，展开讨论。有同学从课本中找到了答案：植物能够更新因蜡烛燃烧或小白鼠呼吸而变得污浊的空气。 学生根据启发，积极踊跃地回答问题。

（续上表）

教学内容	教师活动	学生活动
普利斯特利的实验	（3）依次展示梅耶、萨克斯、鲁宾和卡门、卡尔文等的实验操作示意图。 （4）教师将光合作用的探究历程列成一个表格，从科学家、实验操作、得出的结论等方面对学生掌握知识的情况进行评价。	学生通过观察和听取教师描述，发现其中的问题和实验可以得到的结论，以问题为线索，结合教师的引导，体会科学家探究光合作用的历程，逐步揭开光合作用的本质。
总结和练习	巩固总结： （1）光合作用探究历程中经典实验的过程、结果、结论。 （2）光合作用过程中的底物、条件、产物。 （3）光合作用过程的反应式模型的建立。	回顾本节主要内容，根据教师的要求进行练习。
布置作业	完成课后练习题。	完成作业。

三 案例评析

（一）利用音乐、图片等多媒体创设教学情境

【镜头回放】

※ 创设情境，导入新课 ※

班得瑞《寂静森林》的音乐响起，课件中展现出唯美华丽的两张同种植物图片（一大一小），文字闪烁而出。

教师：两千多年前，古希腊学者亚里士多德认为植物之所以会长大，是因为根从土壤中吸收了养分，所以“土壤减少的重量 = 植物增加的重量”。是不是这样呢？

【设计意图】

让学生在强烈的视觉和听觉的冲击下，激起学习的欲望和兴趣，从而导入新课——光合作用的探究历程。

【品析小结】

精心设计的情境导入，能很好地激起学生的探究欲望，效果比较理想。当然，教师若能将同种植物一大一小的图片展示更换为幼小植物在阳光下长大等动画或视频，效果会更好。

（二）引导学生自己尝试走走科学家们的科学探究之路

【镜头回放】

※ 海尔蒙特的实验 ※

教师：亚里士多德的观点是否正确呢？在 1642 年，科学家海尔蒙特进行了柳条实验进行验证。你们认为海尔蒙特的实验应该如何设计呢？（请学生进行讨论，派代表起来讲述海尔蒙特的实验设计。）

学生 A：在花盆中种一株柳树，种植前分别对树和土壤称重。定期浇水，一段时间后再分别称树的重量和土壤的重量，进行比较，得出结论。

学生 B：我的操作与 A 同学基本相同，但水里边可能含有一些其他物质，它们也许对植物增重也有影响，应予以排除。

教师：要探究“植物增加的重量 = 土壤减少的重量”的想法，用什么水比较好呢？

学生：蒸馏水或纯净水。

学生 C：我认同 A 与 B 同学的看法，但是无比较不知长短，我认为实验应该设置至少三组可供对照。在其他条件相同的情况下，第一组浇自来水，第二组浇河水，第三组浇雨水。

教师：好，非常好，你们所设置的实验甚至比海尔蒙特的还要精密，更能说明问题。还有没有要补充的呢？

学生：应该明确实验时间长度，以一年为期，观察柳树的生长情况；应该避免空气中的灰尘落入花盆中，以免影响实验结果。

教师：不错。经过大家的努力，探究“植物增加的重量 = 土壤减少的重量”的实验设计已经变得非常完美了。（对同学们有创见、可实施的建议进行整合，提出一个最终的实验方案。）

【设计意图】

培养学生主动探究的能力，并对学生的探究能力进行评估，以便及时改进教学策略和方法。

【品析小结】

此环节注意到了课堂中“学生评价”这一有效的教学评价方式，学生能够很好地对其他同学的观点进行反馈和补充，不仅活跃了教学氛围，而且同学间的互比互助也能增强学习的积极性。

（三）重温科学家探究历程，分析其中得失，思考改进策略

【镜头回放】

※ 海尔蒙特的实验 ※

教师：那么海尔蒙特当时又是怎么想的呢？（用图片展示海尔蒙特实验过程图,配以文字说明,列表展现实验有关数据。)海尔蒙特的实验可以得出什么结论？

学生：植物增加的重量≠土壤减少的重量。

教师：那么植物增加的重量等于什么呢？

学生：可能来自水分。

教师：这个实验的不足之处在哪？（提示：植物生长环境中除了有水、土壤外，还有什么？）

学生：空气。

※ 普利斯特的实验 ※

教师：（总结海尔蒙特的实验）正是因为海尔蒙特的实验没有考虑植物能否从空气中得到什么，所以 1771 年，英国科学家普利斯特利再设计实验进行探究。（用图片展示并解说普利斯特利的实验装置和过程示意图）普利斯特利的实验能得出什么结论？

学生：（通过观察实验装置，结合海尔蒙特的实验，展开讨论。有同学从课本中找到了答案）植物能够更新因蜡烛燃烧或小白鼠呼吸而变得污浊的空气。

教师：很好，后来有人重复普利斯特利的实验操作却得到了完全相反的结果，说明普利斯特利的实验存在不足。这个不足是什么呢？该怎么解决？（用图片展示英格豪斯的实验操作图，两组实验中一组在光照情况下完成，一组在无光照情况下完成。）由此我们可以发现普利斯特利的实验存在什么不足？英格豪斯的实验又可以说明什么问题？

学生根据启发，积极提出自己的看法。

教师依次展示梅耶、萨克斯、鲁宾和卡门、卡尔文等的实验操作示

意图。

学生通过观察和听取教师描述，发现其中的问题和实验可以得到的结论，以问题为线索，结合教师的引导，体会科学家探究光合作用的历程，逐步揭开光合作用的本质。

教师将光合作用的探究历程列成一个表格，从科学家、实验操作、得到结论等方面对学生掌握知识的情况进行评价。

【设计意图】

全程渗透科学史教育，带领学生体验科学家科学探索的艰辛和科学求真的决心。

【品析小结】

逐层递进式的引导处理得很得当，探究过程的展示时机也恰到好处。同时，在此过程中，学生自然而然地感受到科学家不仅要继承前人的科研成果，而且要善于吸收不同意见中的合理成分，还要具有质疑、创新和勇于实践的科学精神与态度，从而很好地达成情感目标。

四 教学反思与建议

（1）本节课融入科学史教育，使学生沿着科学家探索生物世界的道路不断探索，理解科学家开展科学研究的本质和方法，并通过亲身体验、相互印证、讨论合作、改进创新等，使他们懂得科学探究的严谨和科学家献身科学的精神。

（2）本节课体现探究教学，能较好地发挥学生的主体地位，激发学生的创新思维能力，让学生在学习的过程中对所学知识有所选择、判断、解释、运用，从而有所发现、有所创造。

（3）课堂气氛活跃，教学效果显著。学生在主动探究中，以探究者的身份发现问题、寻求答案，在学习中充满无限喜悦和热情，激发学习兴趣，拓宽思路，获得最佳的学习效果，从而获得受益终生的主动探究能力。

（4）实现教师角色的转变。在本节课教学过程中，教师不再是主动探究活动的主宰，而是学生主动探究活动的引导者和组织者，是帮助学生学会学习的人。正因为如此，教师可以用更多的时间和精力对学生的探究能力进行评价，及时发现问题、解决问题，可以致力于为学生摆脱束缚、解放思想、敢于质疑、勇于创新提供学习环境，从而使学生的批判性思维能力、逻辑思维能力以及创造性地解决问题的能力得到充分的发展。

但是要有一个合理并且完善的评价机制作为驱动力，才能促使所有同学积极参与到课堂中。这种评价机制准则应该尽量量化，并且评价角度应尽量多元化。

五 课标在线

融入科学史教育，培养科学素养

科学是一个发展的过程。学习生物科学史能使学生沿着科学家探索生物世界的道路，理解科学的本质和科学研究的方法，学习科学家献身科学的精神。这对提高学生的科学素养是很有意义的。例如，对于《标准》中的“概述植物生长素的发现和作用”、“总结人类对遗传物质的探索过程”等包含科学史的内容应认真完成。对于《标准》中没有列出的其他生物科学史也应注意引用。

六 活动与检测

科学史的学习有利于学生了解科学研究的具体过程和研究的方法，对科学品质和科学思维的培养有着重要的作用。

新教材中介绍了科学史上很多著名的实验，这些实验都是理解科学研究过程、学习科学研究方法的很好范例。如“酶的发现”、“光合作用的发现”、“生长素的发现”、“肺炎双球菌的转化实验”、“孟德尔的豌豆杂交实验”等，这些科学史介绍了科学家们研究一些生物学问题的过程和方法，强调了感受和理解知识产生过程的重要性。

在“生长素的发现”的教学过程中，课本中介绍了多位科学家所做的工作。作为生物教师，你应该如何设计你的教学，使学生能感受到科学家们使得“生长素成为第一个被发现的植物激素”的艰辛探究历程。

七 课外阅读与拓展

1. 赵静霞 .“光合作用的探究历程”的教学设计 [J]. 生物学教学，2013（7）.

2. 韦仕发 .“光合作用的探究历程”的教学设计 [J]. 生物学教学，2011（2）.

3. 周玲，吴海燕 .“看实验、做实验、设计实验”连贯体验探究教学案例——光合作用的发现史 [J]. 中学生物学，2013（6）.

4. 秦亚平 .“光合作用的探究历程”的两种教学处理——兼论生物科学史的

教学方式 [J]. 教学与管理，2012（4）.

5. 唐艳婷，张迎春 . 生物科学史教育的教学价值及实施策略 [J]. 科学教育，2011（1）.

6. 伊丽梅 . “活”用生物科学史实现科学史的教育价值 [J]. 生物学通报，2012（5）.

7. 生物教学空间 .http://shengwu.myrice.com.

8. 生物科技在线 .http://www.monsanto.com.cn.

案例 6 为学生营造思考情境，促进有效教学
——“伴性遗传”案例分析

一 案例背景

本节课是人教版高中生物必修 2 第二章“基因和染色体的关系”中的一个难点，是在学生学习了基因分离定律和自由组合定律的基础上安排的，其中性染色体及其基因传递的学习，是对上述两个定律的扩展、补充和深化。在学习了这节内容后，有一个梳理复习基因分离规律及伴性遗传特点的内在环节；同时，遗传规律的不同形式传递特点也在对比、分析遗传系谱中得以深化和综合运用。显然，这部分教学内容也是培养学生综合分析问题等思维能力的良机。并且本节内容如血友病的形成原因等可为后面内容“变异”中的“基因突变”的学习埋下伏笔。

学生通过日常生活和前面知识的学习已经对一些遗传病有了一定的了解，但与性别相关联的遗传病是怎么产生的，它们在遗传上有什么特点，学生则不甚了解，而且又非常想知道。这种解开疑惑的探知欲望为学习本节课创造了有利条件。另外，学生已经学习了基因的分离定律和自由组合定律，掌握了遗传的基本规律，为本节课学习性别决定和伴性遗传做好了知识铺垫。

【教学目标】

（一）知识目标

（1）说出伴性遗传的概念；

（2）概述伴性遗传的特点；

（3）举例说出伴性遗传在实践中的应用。

（二）能力目标

（1）运用资料分析的方法，总结人类红绿色盲的遗传规律；

（2）通过分析性染色体上基因传递的特点，提高分析和解决问题的能力。

（三）情感目标

（1）认同有关近亲婚配的危害；

（2）体验科学家认真、严谨的科学态度以及尊重科学的精神。

【教学重难点】

（一）教学重点

伴性遗传的特点。

（二）教学难点

分析人类红绿色盲症的遗传。

三、教学过程

教学过程

教学内容	教师活动	学生活动
创设情境，导入新课	用图片展示材料：一个女人的心酸遭遇，讲述了一个女人因生女儿而遭受夫家诸多刁难的事情。 提出问题：生女孩是女人的过错吗？ **一、性别决定** 展示男、女染色体组成图片。引导学生观察后提问：性别应该由什么决定？提出常染色体和性染色体的概念。	阅读资料，回答问题。 观察图片，回答问题。
引导探究（一）	人们对遗传现象进行研究时发现，有些性状的遗传现象常常与性别相关联，这种现象就是伴性遗传。接下来我们以几种常见的伴性遗传病为例来学习伴性遗传的特点。 以红绿色盲的发现和人群中红绿色盲的遗传特点探究： **1. 伴X染色体隐性遗传病的特点** 展示红绿色盲检查图，进行色觉小测试。 分析红绿色盲家系图。 （1）遗传性质。 引导探究：这种病是由位于X染色体上的隐性基因（b）控制的。 思考题：根据基因B和基因b的显、隐性关系，说出人的正常色觉和红绿色盲的基因型和表现型。	总结伴性遗传的概念。 观察图片，亲身体验；思考问题。

（续上表）

<table>
<tr><th>教学内容</th><th>教师活动</th><th>学生活动</th></tr>
<tr><td>引导探究（一）</td><td>（2）基因型分析。
<table><tr><th></th><th colspan="3">女性</th><th colspan="2">男性</th></tr><tr><td>基因型</td><td>$X^B X^B$</td><td>$X^B X^b$</td><td>$X^b X^b$</td><td>X^BY</td><td>X^bY</td></tr><tr><td>表现型</td><td>正常</td><td>正常（携带者）</td><td>色盲</td><td>正常</td><td>色盲</td></tr></table></td><td>写出男、女相关的基因型和表现型。</td></tr>
<tr><td>进行强化训练</td><td>思考题：与上述基因型及表现型相关的婚配方式有几种？（六种）
① $X^B X^B \times X^BY$；② $X^B X^B \times X^bY$；
③ $X^B X^b \times X^BY$；④ Xb $X^b \times X^BY$；
⑤ $X^B X^b \times X^bY$；⑥ $X^b X^b \times X^bY$。
问题：写出六种婚配方式的遗传图解。
思考：对遗传图解进行统计，分析色盲遗传有什么特点。
① 色盲患者中男性多于女性。
思考：为什么患者是男性多于女性？
因为色盲基因是隐性基因，女性只有 $X^b X^b$ 才表现色盲，$X^B X^b$ 不表现色盲；而男性只要 X 染色体上带有色盲基因 b 就表现为色盲，所以男性色盲多。
② 隔代遗传：由男性患者通过他的女儿传给外孙（男→女→男）。
③ 若女性色盲，则她的父亲和儿子肯定都是色盲（母患子必患，女患父必患）。
强调色盲的遗传特点代表所有伴 X 染色体隐性遗传病的遗传特点。</td><td>分析、讨论、练习画遗传图谱。

统计分析、归纳总结、回答问题。</td></tr>
<tr><td>引导探究（二）</td><td>2. 抗维生素 D 佝偻病
位于 X 染色体上的基因有隐性基因，也有显性基因。如抗维生素 D 佝偻病就是由一种 X 染色体上的显性基因（D）控制的遗传病。
投影显示抗维生素 D 佝偻病患者的图片，简介该病的特征。指导学生分析家系图，了解抗维生素 D 佝偻病的遗传特点。
①抗维生素 D 佝偻病的患者中女多于男；
②患者的双亲中定有一个是患者；
③儿病母必病，父病女必病。
强调抗维生素 D 佝偻病的遗传特点代表所有伴 X 染色体显性遗传病的遗传特点。</td><td>学生观察图片。
学生阅读、了解抗维生素 D 佝偻病的遗传特点。

观察、思考、讨论、回答问题。</td></tr>
</table>

（续上表）

教学内容	教师活动	学生活动
引导探究（三）	**3. 外耳道多毛症** 介绍外耳道多毛症的特征，展示其遗传图谱，引导学生观察。 外耳道多毛症基因位于 Y 染色体上，那么该性状的遗传有什么特点？ 特点：传男不传女，传内不传外。	观察、思考、讨论、回答问题。
引导探究（四）	**二、伴性遗传在生活实践中的作用** 我们研究生物的伴性遗传有什么意义呢？	学生阅读教材第 37 页，了解伴性遗传在生活实践中的作用。
总结练习，布置作业	思考：小李（男）和小芳（女）是一对新婚夫妇，小芳已被确诊为血友病患者。如果你是一名医生，你将建议他们怎样优生优育，生男孩好还是生女孩好？ 了解课本中芦花鸡性别的确定。	分析回答。

三 案例评析

（一）创设情境，引发思考，导入课题

【镜头回放】

※ 创设情境，导入新课 ※

教师用图片展示材料：一个女人的心酸遭遇，讲述了一个女人因生女儿而遭受夫家诸多刁难的事情。提出问题：生女孩是女人的过错吗？

学生阅读并回答。

教师展示男、女染色体组成图片。引导学生观察后提问：性别应该由什么决定？提出常染色体和性染色体概念。

学生观察并回答。

【设计意图】

创设情境，引起学生对性别决定的兴趣，激起其求知的欲望，通过教学过程传达男女平等的观念。

【品析小结】

教师创设情境之后，学生必然有一种一探究竟的心理，从而成功地激发学生探究的兴趣和主动性。本案例通过创设问题情境，使整节课的知识点联系紧密、过渡自然。

（二）在思考的情境中，逐步深入探究，获得真知

【镜头回放】

※ 引导探究（一）※

教师：人们对遗传现象进行研究时发现，有些性状的遗传现象常常与性别相关联，这种现象就是伴性遗传。接下来我们以几种常见的伴性遗传病为例来学习伴性遗传的特点。

学生标记伴性遗传的概念。

教师以红绿色盲的发现和人群中红绿色盲的遗传特点探究伴 X 染色体隐性遗传病的特点，展示红绿色盲检查图，进行色觉小测试，激发学生学习探究的兴趣。

学生识图辨认，亲身体验，思考问题。

（1）遗传性质。

教师：（讲解）这种病是由位于 X 染色体上的隐性基因（b）控制的。

思考题：根据基因 B 和基因 b 的显、隐性关系，说出人的正常色觉和红绿色盲的基因型和表现型。

学生写出男、女相关的基因型和表现型。

教师分析红绿色盲家系图。

（2）基因型分析。

基因型分析表

	女性			男性	
基因型	X^BX^B	X^BX^b	X^bX^b	X^BY	X^bY
表现型	正常	正常（携带者）	色盲	正常	色盲

※ 进行强化训练 ※

教师：与上述基因型及表现型相关的婚配方式有几种？

学生：六种。（① $X^BX^B \times X^BY$；② $X^BX^B \times X^bY$；③ $X^BX^b \times X^BY$；④ $X^bX^b \times X^BY$；

⑤ $X^BX^b \times X^bY$；⑥ $X^bX^b \times X^bY$。）

教师：写出六种婚配方式的遗传图解。

思考：对遗传图解进行统计，分析色盲遗传有什么特点。

① 色盲患者中男性多于女性。

思考：为什么患者是男性多于女性？

因为色盲基因是隐性基因，女性只有 $X^b X^b$ 才表现色盲，$X^B X^b$ 不表现色盲；而男性只要 X 染色体上带有色盲基因 b 就表现为色盲，所以男性色盲多。

② 隔代遗传：由男性患者通过他的女儿传给外孙（男→女→男）。

③ 若女性色盲，则她的父亲和儿子肯定都是色盲（母患子必患，女患父必患）。

强调色盲的遗传特点代表所有伴 X 染色体隐性遗传病的遗传特点。

学生分析、讨论、练习画遗传图解，归纳，回答问题。

※ 引导探究（二）※

教师讲解抗维生素 D 佝偻病。

位于 X 染色体上的基因有隐性基因，也有显性基因。如抗维生素 D 佝偻病就是由一种 X 染色体上的显性基因（D）控制的遗传病。

投影显示抗维生素 D 佝偻病患者的图片，简介该病的特征。指导学生分析家系图，了解抗维生素 D 佝偻病的遗传特点。

① 抗维生素 D 佝偻病的患者中女多于男；

② 患者的双亲中定有一个是患者；

③ 儿病母必病，父病女必病。

强调抗维生素D佝偻病的遗传特点代表所有伴X染色体显性遗传病的遗传特点。

学生观察图片，阅读、了解抗维生素 D 佝偻病的遗传特点。

※ 引导探究（三）※

教师讲解外耳道多毛症。介绍外耳道多毛症的特征，展示其遗传图谱，引导学生观察。外耳道多毛症基因位于 Y 染色体上，那么该性状的遗传有什么特点？（传男不传女，传内不传外。）

学生观察、思考、讨论、回答问题。

※ 引导探究（四）※

教师：我们研究生物的伴性遗传有什么意义呢？

学生阅读课本，了解伴性遗传在生活实践中的作用。

※ 总结练习，布置作业 ※

教师：小李（男）和小芳（女）是一对新婚夫妇，小芳已被确诊为血友病患者。如果你是一名医生，你将建议他们怎样优生优育，生男孩好还是生女孩好？

学生进行分析、讨论、回答。

【设计意图】

区别、比较X染色体上的显性基因、隐性基因控制的遗传病的特点。结合生活事例，进一步了解伴性遗传在生活实践中的作用。反馈、巩固、深化、理解伴性遗传。

【品析小结】

探究是生命科学研究中的重要内容，体现了对学生的实验方法教育，同时也培养了小组合作精神。整个教学过程在思考的情境中，逐步深入探究，突破了教学的重点难点，很好地达成了教学的三维目标。

四 教学反思与建议

创设一系列问题情境，使整节课的知识点联系紧密、过渡自然。充分调动不同层次学生的学习兴趣和积极性，满足不同学生对知识的渴求，达到预定的教学效果和教学目的。

体现互动探究式教学，增加了学生的体验，提高了课堂效率。分析染色体组成图，培养学生的识图能力。书写和分析遗传图解，使学生掌握并理解伴性遗传的特点，突破教学重难点。语言生动有趣，各种遗传病特点简洁易记。

在培养学生解题能力上略显不足。后续的教学安排上更要注重实际应用，多准备一些相应的习题，结合减数分裂与遗传定律的特点，提高学生的解题能力。

五 课标在线

为学生营造思考的情境，促进有效课堂教学

在生物学教学过程，教师怎样创设教学情境呢？根据实践证明，有以下几种常用策略：

（1）问题情境：指教师在学生进行探究学习之前和探究学习过程之中，为调动学生探究学习的积极性，激发学习的动力，精心设置一定的问题即疑问，这就是我们常说的“问题情境”。问题情境分成“问题发现情境”和“问题解决情境”两种。

（2）生活实践情境：生活实践情境就是利用学生日常生活、生产实践常见的现象来创设教学情境。教师创设情境之后，学生必然有一种一探究竟的心理，

从而成功激发学生探究的兴趣和主动性。

（3）时事热点情境：时事热点一直是学生十分关注的内容，时事热点包括政治的、军事的、社会的以及科学的最新发展动态。教师将这些备受学生关注的时事热点巧妙地设置成教学情境，对激发学生的探究学习兴趣有很大作用。时事热点情境的创设，不仅可以激发学生的学习兴趣，而且可以补充书本上没有的知识，夯实课内的基础知识，开阔视野，同时也是对学生进行情感教育的有效途径。

（4）生物学史情境：生物学史是对科学家的高度概括、结晶和升华，是生物学科宝贵的财富，教师可以利用与教学内容有关的生物学史设置教学情境。生物学史的内容包括生物科学发展史、科学发明的历史、科学实验的过程、科学家生活史。

六 活动与检测

孔子说：“不愤不启，不悱不发。”教师在教学中一定要抓住学生求知的心理，疑难问题一经提出，愤悱的心理情境即刻到来，即吊起学生探究的“胃口”，顿时使学生思维活跃起来。如学习“同源染色体”概念时，不是直接给出概念，而是利用图解并配合语言提供智力背景（指出颜色的含义，并引导学生观察：形态、大小、行为等），让学生独立地去发现并总结出同源染色体的概念，发挥其主体的能动作用。

学习上述案例，针对高中生物课中“无性生殖”的教学，请尝试设置发展思维的问题情境进行导入，说说你的教学设计。

七 课外阅读与拓展

1. 车亚莉 .“性别决定和伴性遗传”的问题教学设计与实践 [J]. 中学生物学，2012（12）.

2. 韩志萍 .“伴性遗传”教学设计 [J]. 中学教学参考，2013（29）.

3. 楼仙娟 . 支架式教学模式在“伴性遗传”一节中的应用 [J]. 教育教学研究，2012（3）.

4. 张云婷 .“以问题驱动学生学习” 的教学模式在“伴性遗传”一课中的应用 [J]. 中学生物学，2012（4）.

5. 中学生物教育园地 .http://shengwu.mycool.net.

6. 中学生物教育教学网 .http://www.sw.sj.com.

案例7

小组合作学习的教学评价应做好整体与个人双评

——"基因突变和基因重组"案例分析

一 案例背景

"基因突变和基因重组"是人教版高中生物必修2第五章第一节的内容。这节课的内容主要是通过小组合作学习的教学方式，使学生掌握基因突变的基本概念，从而加深对基因突变内涵和外延的理解。基因重组内容涉及减数分裂过程，这一直是教学的难点，因此在教学过程中教师要注重对学生实际理解能力和图形分析能力的培养，通过实践提高学生的认知能力。同时本节内容可为第七章"生物的进化"中有关现代生物进化理论的学习打下基础。

学生在前四章已经学习了DNA的结构、基因对性状的控制、基因的表达、基因的自由组合等有关遗传的知识，此外还学习了必修1中的癌变知识等，这些都与本节课的内容密切相关，当然前面知识的学习也为学习本节课打好了基础。加之基因突变和基因重组与当今生物学研究的热点问题相关，学生学习兴趣浓厚。

【教学目标】

（一）知识目标

（1）举例说明基因突变的特点和原因；

（2）举例说明基因重组的概念和意义；

（3）说出基因突变和基因重组的意义。

（二）能力目标

（1）运用类比推理的方法，归纳基因突变的类型；

（2）运用资料分析的方法，比较分析基因突变和基因重组的异同。

（三）情感目标

（1）认同基因突变、基因重组对生物多样性形成的积极意义；

（2）在基因突变原因的学习过程中关注如何建立健康的生活方式。

【教学重难点】

（一）教学重点

（1）基因突变的概念、原因和特点；

（2）基因重组的概念和意义。

（二）教学难点

基因突变和基因重组的意义。

二 教学过程

教学过程

教学内容	教师活动	学生活动
创设情境，导入新课	展示镰刀形贫血、白化病、多指等遗传病的资料，结合俗语“一母生九子，九子各不同”导入新课。	认真阅读资料，思考原因。
自学质疑	引导学生提出问题。	学生自己看书，提出需要解决的问题： （1）镰刀形贫血的致病原因是什么？ （2）基因突变能否遗传？ （3）诱发基因突变的因素有哪些？ （4）基因突变有哪些特点？ （5）基因突变有何意义？ （6）什么是基因重组？ （7）基因突变与重组是否相同？哪种产生新基因？ （8）基因重组有多少种方式？分别在什么时期发生？ （9）基因重组有什么意义？

（续上表）

教学内容	教师活动	学生活动
制订分组计划	（1）将学生平均分为10个小组，每组6人。 （2）教师让各小组进行充分的交流，最后确定一个学生为本小组的发言人，在班里展示。 （3）其他小组对该学生的发言进行评议。	各小组成员合作讨论，明确分工，从课本或参考书中查找资料、解决问题等。
实施计划，交流释疑	（1）教师巡视检查，对个别疑难进行解答，多引导、鼓励学生讨论，激发学习兴趣，活跃课堂气氛。 （2）通过小组讨论、展示、评议，最后得出问题的答案。	各小组按照设计进行合作学习，相互讨论，解决疑问。
小组间交流讨论	教师总结： （1）各小组与其他小组同学的结论比较是否一致？如果不一致，原因是什么？怎样改进？ （2）把各小组解决问题的方法和策略与其他小组相比较，谁的方法更合理？为什么？	学生表达各自的观点，进行自我评价及互评、交流等。
总结评价	教师准备具有代表性的若干题目，反馈检测学生对知识的掌握情况。 然后简要总结并就各小组情况作出评价。重点表扬表现突出的一两个小组，其他小组则以鼓励为主。	各小组推荐人选上台完成，看看哪个小组掌握得较好。

三 案例评析

（一）创设情境，导入课题，引导学生提出问题

【镜头回放】

※ 创设情境，导入新课 ※

教师展示镰刀形贫血、白化病、多指等遗传病的资料，结合俗语“一母生九子，九子各不同”导入新课——基因突变和基因重组。并让学生自学，引导学生提出问题。

学生看书自学并思考，提出需要解决的问题：

（1）镰刀形贫血的致病原因是什么？

（2）基因突变能否遗传？

（3）诱发基因突变的因素有哪些？

（4）基因突变有哪些特点？

（5）基因突变有何意义？

（6）什么是基因重组？

（7）基因突变与重组是否相同？哪种产生新基因？

（8）基因重组有多少种方式？分别在什么时期发生？

（9）基因重组有什么意义？

【设计意图】

从遗传病的发现切入，设置问题情境，引导学生进行探究。

【品析小结】

以问题导学形式探究，课前需做好充分准备，在本节课前要求学生查阅并准备相关资料。

（二）小组内成员合作学习，解决问题

【镜头回放】

※ 制订分组计划 ※

教师将学生平均分为 10 个小组，每组 6 人，布置学习任务。

学生各小组按照计划明确分工，进行合作学习，从课本或参考书中查找资料、相互讨论、解决疑问。

※ 实施计划，交流释疑 ※

教师巡视检查，对个别疑难进行解答，多引导、鼓励学生讨论，激发学习兴趣，活跃课堂气氛。最后确定一个学生为本小组的发言人，在班里展示。其他小组对该学生的发言进行评议。

学生通过小组讨论、展示、评议，最后得出问题的答案。

【设计意图】

通过分工合作学习、交流讨论，探索出结果，培养学生的自学能力、获取信

息的能力、发散思维和比较综合能力。

【品析小结】

教师在学生合作讨论过程中，注意观察每组学生的学习情况，务必做到每组中的每个成员都参与到学习中，分工明确合理，对其中表现优秀的成员给予鼓励。

（三）小组间交流讨论，总结评价

【镜头回放】

※ 小组间交流讨论 ※

教师比较各小组的结论，分析小组成员们的解释。

学生（若干小组）认为基因突变不一定有害，但举不出实际例子加以说明。

学生（其余小组）认为基因突变一定有害，并举了大量实例进行论证。

教师：究竟哪种观点比较接近事实呢？其实两种观点中第二种观点绝对否定了基因突变的意义，显然有失偏颇。（然后举例说明基因突变、基因重组对生物多样性形成的积极意义。）

教师让学生进行小组间互评，并分享及比较解决问题的方法和策略。随后出示具有代表性的检测题目。

※ 总结评价 ※

各小组推荐人选上台完成教师准备的检测题目。

教师简要总结并就各小组情况作出评价。重点表扬表现突出的一两个小组，其他小组则以鼓励为主。

【设计意图】

检验并评价各小组的学习情况。

【品析小结】

通过交流，小组之间可以进行互评，教师也可以了解学生在认知上的不足。但是要注意控制好学生的情绪，不要让友好的学术争辩演变成无谓的争吵。

四 教学反思与建议

通过小组合作学习，确实能更充分地调动学生的学习积极性，学生的学习能力得以显著提高；能更有力地促进集体发展，有助于培养学生愿意与他人合作的情感，增加集体荣誉感；也有助于培养学生在集体活动中的学习能力、表达能力、自制能力、合作能力以及了解他人的能力，从而使学生的生物科学素养得以提高。但是在本节课的教学中也存在着不少不足之处，主要表现在：

（1）小组成员配置应尽量优化。最好根据学生性别、才能倾向、性格特点、学习成绩以及人际关系等平均分配。如有可能，四人一组，其中好∶中∶差＝1∶2∶1。

（2）进行小组合作学习不应该只是某个学科的事，可以多个学科共同开展，同时某一学科也应持之以恒，对适于合作学习的教学内容采取分组合作学习的方式，帮助学生形成合作探究的良好学习习惯和思维方式。

（3）完善评价机制，避免评价方式的片面和单一。本节课对各小组的评价局限在小组之间的相互评议和教师的评价两方面，此种方式不可避免地存在一些不足：在表面热热闹闹的讨论下，难以保证每一个学生都在积极地参与，可能在讨论的过程中，有浑水摸鱼者，有离题太远者；在交流的过程中，有的同学随波逐流，不愿意表达自己的观点等。所以应该增加个人互评和组内互评这两方面的评价，从态度、责任、互助、倾听、效果等指标进行评价。确保小组成员人人勇于承担责任，人人都参与，人人有进步。

五 课标在线

小组合作学习的教学评价做到整体与个人双评

小组合作学习中的评价包括对小组整体的评价和小组成员个人的评价两部分。小组成员的最终成绩是这两项成绩的加权平均数。加权系数应该由师生共同讨论决定。对小组整体评价的信息主要来自对小组活动过程的观察和小组的学习报告，评价指标主要包括小组活动目标、分工协作、资源共享、互动情况和学习报告质量等。对小组成员的评价主要是观察其在小组活动中的表现，评价指标主要包括沟通协作技能和任务完成情况等。具体的表现指标和分值，评价者可以根据主题自行设计。

六 活动与检测

尝试运用“定量评价、定性评价、评价指标、评价内容、自评、组评、师评、合评”等关键词，制作一份“学生合作学习能力评价表”。（提示：评价指标可设计为以下几项：交谈、持续工作、责任、活动、评价、分享、倾听、合作等。）

七 课外阅读与拓展

1. 雕玲 . 基因突变的教学设计 [J]. 生物学杂志，2012（4）.

2. 周智勇 .“基因突变和基因重组”一节的教学 [J]. 生物学通报，2007（6）.

3. 吴孝良 . 基因突变和基因重组的知识点归纳 [J]. 青苹果，2012（Z1）.

4. 吴举宏 . 关于“基因突变和基因重组”两节“同题异构”研究课的比较研究 [J]. 中学生物教学，2010（4）.

5. 中学生物教学资源网 .http://swjx.myrice.com.

6. 中学生物教学 .http://swjx.3322.net.

案例 8 将合作、探究、案例教学引入课堂

——“基因工程及其应用”案例分析

一 案例背景

本节课是人教版高中生物必修 2 第六章第二节的内容，主要包括三部分：基因工程的原理；基因工程的应用；转基因生物和转基因食品安全性。教材在简要介绍基因工程原理后，结合实例介绍了基因工程在作物育种、药物研制、环境保护等方面的应用，最后将重点放在对转基因生物和转基因食品安全性的讨论上。从中不难看出教材中的大量内容是基因工程发展近几年的成果，相对其他章节来讲，该内容比较新颖和超前，而且该内容是一个动态的知识体系，其内容在不断地更新、发展和变化，所以教学内容难度不高，但信息量大、开放性高。

学生在了解遗传变异基本规律的基础上，学习了遗传学的知识是怎样用于指导生产实践的，已经明白杂交育种、诱变育种是属于同源间的育种方式，所以自然而然会产生“不同源的两个物种是否可以培育出新品种”的疑问。这为学习基因工程创造了非常有利的条件。况且本节内容许多来源于社会热点问题，学生学习的兴趣会十分浓厚。

【教学目标】

（一）知识目标

（1）说出基因工程的基本概念；

（2）简述基因工程的基本原理；

（3）举例说出基因工程在农业、医药、环境保护等领域的应用。

（二）能力目标

进行转基因生物和转基因食品安全性的资料搜集与分析。

（三）情感目标

（1）关注转基因生物和转基因食品的安全性；

（2）通过基因工程的成果及发展前景的学习，关注科学、技术、社会之间的相互作用。

【教学重难点】

（一）教学重点

（1）基因工程的基本原理（概念、工具、操作步骤）；

（2）基因工程的安全性问题。

（二）教学难点

（1）基因工程的基本原理；

（2）转基因生物与转基因食品的安全性。

二 教学过程

教学过程

教学内容	教师活动	学生活动
创设情境，导入课题	千百年来，牛奶从牛身上获取，椰子里面装的就是椰子汁。有没有什么办法培育一种新物种，让椰子里面装的是牛奶呢？	思考问题，提出自己的猜想。
展示案例，阅读感知阶段	将课前准备好的案例材料分发给每位学生（见附件）。	学生阅读案例材料，了解案例材料反映的事实，感知案例。
分析案例，确定研究问题阶段	本环节在学生感知案例材料后，要求学生提出本节课需研究的问题。在此过程中，需不断指导学生了解知识的内在联系，引导学生思考问题的角度。在学生提出各种问题后，引导学生最终确定有价值的研究问题： （1）转基因食品是怎么产生的？（让学生了解基因工程的概念。） （2）产生转基因生物的操作步骤是什么？需要哪些工具？（让学生了解基因工程的操作步骤和操作工具。） （3）讨论这种操作方法产生新品种与杂交育种有何不同？（了解基因工程的本质。）	学生在教师的引导下进行讨论、分析和总结，从课本或参考书中查找资料等。

（续上表）

教学内容	教师活动	学生活动
分析案例，确定研究问题阶段	（4）讨论：转基因产生抗虫棉花，它抗虫的原理是什么？（了解基因的表达） （5）转基因食品是利大于弊还是弊大于利？ （6）请你谈一谈基因工程可能应用的领域。	
围绕案例，讨论解决问题阶段	分组要求学生讨论怎样解决上一环节所提出的问题，并派代表来回答。	第一个问题：所有同学都知道通过基因工程产生，并在课本中找出了概念。 第二个问题：学生也能准确地回答。 第三个问题：学生有不同看法。 第四个问题：学生懂得联系基因的表达和基因的本质进行回答。 第五个问题：学生意见明显分成两种。 第六个问题：学生结合课本说出了基因工程的应用领域。
评价教学效果，总结和能力提高阶段	分发练习卷，要求学生完成并当堂校对，了解学生对知识的掌握情况。评价学生在本节课的表现，了解学生对案例教学的想法，让学生就本课教学写简短的心得体会，要求下节课上交。表扬表现突出的同学，特别表扬平时少参与或不参与到集体活动而本次积极参与的同学。	学生认真完成练习卷，并做好课堂笔记。

附件：教学案例

转基因食品的定义

转基因食品（Genetically Modified Food，GMF）是指利用基因工程（转基因）技术在物种基因组中嵌入（非同种）外源基因的食品，包括转基因植物食品、转基因动物食品和转基因微生物食品。转基因作为一种新兴的生物技术手段，它的不成熟和不确定性，必然使得转基因食品的安全性成为人们关注的焦点。

延熟保鲜转基因西红柿于1994年在美国批准上市，转基因食品的研发迅猛发展，产品品种及产量也成倍增长，有关转基因食品的问题日渐凸显。

（续上表）

其实，转基因的基本原理也不难了解，它与常规杂交育种有相似之处。杂交是将整条的基因链（染色体）转移，而转基因是选取最有用的一小段基因转移。因此，转基因比杂交具有更高的选择性。也就是说，通过基因工程手段将一种或几种外源性基因转移至某种生物体（动植物和微生物），并使其有效表达出相应的产物（多肽或蛋白质），这样的生物体可作为食品或以其为原料加工生产的食品。

转基因食品的种类

为了提高农产品的营养价值，更快、更高效地生产食品，科学家们应用转基因的方法，改变生物的遗传信息，拼组新基因，使今后的农作物具有高营养、耐贮藏、抗病虫和抗除草剂的能力，不断生产新的转基因食品。

转基因食品的利弊

转基因食品有较多的优点：可增加作物单位面积产量；可降低生产成本；通过转基因技术可增强作物抗虫害、抗病毒等的能力；提高农产品的耐贮性，延长保鲜期，满足人们生活水平日益提高的需求；可使农作物开发的时间大为缩短；可以摆脱季节、气候的影响，四季低成本供应；打破物种界限，不断培植新物种，生产出有利于人类健康的食品。

但转基因食品也有缺点，所谓的增产是在不受环境影响的情况下得出的，如果遇到雨雪等自然灾害，也有可能减产得更厉害。多项研究表明，转基因食品对哺乳动物的免疫功能有损害。更有研究表明，试验用仓鼠食用了转基因食品后，到其第三代，就绝育了。

转基因食品的营养问题

科学家们认为外来基因会以一种人们还不甚了解的方式破坏食物中的营养成分。

对抗生素的抵抗

当科学家把一个外来基因加入到植物或细菌中去，这个基因会与别的基因连接在一起。人们在服用了这种改良食物后，食物会在人体内将抗药性基因传给致病的细菌，使人体产生抗药性。

威胁环境

许多基因改良品种中包含从杆菌中提取出来的细菌基因，这种基因会产生一种对昆虫和害虫有毒的蛋白质。在一次实验室研究中，一种蝴蝶的幼虫在吃了含杆菌基因的马利筋属植物的花粉之后，产生了死亡或不正常发育的现象，这引起了生态学家们的另一种担心，那些不在改良范围之内的其他物种有可能成为改良物种的受害者。

最后，生物学家们担心为了培养一些更优良的特性，比如具有更强的抗病虫害能力和抗旱能力等，而对农作物进行的改良，其特性很可能会通过花粉等媒介传播给野生物种。

安全性

转基因食品是利用新技术创造的产品，也是一种新生事物，人们自然对食用转基因食品的安全性有疑问。其实，最早提出这个问题的人是英国的阿伯丁罗特研究所的普庇泰教授。1998 年，他在研究中发现，幼鼠食用转基因土豆后，会使内脏和免疫系统受损。这引起了科学界的极大关注。随即，英国皇家学会对这份报告进行了审查，于 1999 年 5 月宣布此项研究“充满漏洞”。1999 年，英国的权威科学杂志《自然》刊登了美国康乃尔大学教授约翰•罗西的一篇论文，指出蝴蝶幼虫等田间益虫吃了撒有某种转基因玉米花粉的菜叶后会发育不良，而且死亡率特别高。目前尚有一些证据指出转基因食品潜在的危险。

（续上表）

但更多的科学家的试验表明转基因食品是安全的。赞同这个观点的科学家主要有以下几个理由：第一，任何一种转基因食品在上市之前都进行了大量的科学试验，国家和政府有相关的法律法规进行约束，而科学家们也都抱有很严谨的治学态度；第二，在种植传统作物的时候，农民会使用农药来保证质量，而有些抗病虫的转基因食品无须喷洒农药；第三，一种食品会不会造成中毒主要是看它在人体内有没有受体和能不能被代谢掉，转化的基因是经过筛选的、作用明确的，所以转基因成分不会在人体内积累，也就不会有害。

转基因作物的生产现状

● 转基因作物在世界广泛种植，美国、阿根廷、加拿大为全世界种植转基因作物最多的国家。

● 我国转基因作物种植量居世界第四，主要为转基因棉花。主要的转基因作物有大豆、棉花、玉米、油菜籽、甜菜、水果等。

转基因食品的安全性问题

● 转基因作物可能本身成为杂草。

● 转基因作物的亲缘野生种成为杂草或超级杂草。

● 转基因作物可能产生新的病毒疾病。

● 转基因作物对非目标生物的危害。

● 破坏生物多样性。

● 转基因作物对生态系统及生态过程的影响。

● 其他一些不可预计的风险。

● 转基因生物所引入的外源基因往往可以表达出蛋白质，可能会引起生物的代谢发生变化，造成该生物营养成分的改变。

● 转基因生物成分的改变，特别是有毒物质、抗营养因子、过敏源等的含量发生变化，将影响该生物作为食品的安全性。

转基因食品对人体可能会造成的危害

● 转基因作物中的毒素可引起人类急、慢性中毒或致癌、致畸、致突变等不良作用。

● 作物中的免疫或致敏物质可使人类机体产生变态或过敏反应。

● 转基因食品中的主要营养成分、微量营养素及抗营养因子的变化，会降低食品的营养价值，使其营养结构失衡。

世界食品生产商的态度

一旦需要标志，大部分食品商在可能的情况下都会采用非转基因原料；一些食品商为了增加消费者的信心，或本身对转基因食品的安全有怀疑，索性承诺不使用转基因原料。

三 案例评析

（一）导入课题，展示案例

【镜头回放】

※ 创设情境，导入课题 ※

教师：千百年来，牛奶从牛身上获取，椰子里面装的就是椰子汁。有没有什么办法培育一种新物种，让椰子里面装的是牛奶呢？

※ 展示案例，阅读感知阶段 ※

教师将案例材料分发给每位学生，材料内容包括转基因的原理、转基因食品的定义及利弊纷争、转基因作物的生产现状等（见附件）。

【设计意图】

从具体的、看似不可能的例子出发，集中学生的注意力，激发学生想象，引起学生的学习兴趣。

【品析小结】

采用案例教学的方法，重在调动学生的兴趣，引导学生提出本节课所要研究的问题，讨论基因工程应用的利与弊，关注转基因食品和转基因生物的安全性问题。

（二）分析案例，确定合作探究的主题

【镜头回放】

※ 分析案例，确定研究阶段 ※

学生阅读案例后提出若干疑问，确定探究的主题。

教师引导，师生共同确立科学的探究主题，研究问题如下：

（1）转基因食品是怎么产生的？（让学生了解基因工程的概念。）

（2）产生转基因生物的操作步骤是什么？需要哪些工具？（让学生了解基因工程的操作步骤和操作工具。）

（3）讨论这种操作方法产生新品种与杂交育种有何不同？（了解基因工程

的本质。）

（4）讨论：转基因产生抗虫棉花，它抗虫的原理是什么？（了解基因的表达。）

（5）转基因食品是利大于弊还是弊大于利？（探讨转基因食品的安全性。）

（6）请你谈一谈基因工程可能应用的领域。（让学生各抒己见，畅谈基因工程的应用，然后再与课文中的知识相印证，如此便可活跃课堂气氛，加深学生对知识的理解。）

【设计意图】

学生阅读案例材料，了解案例材料反映的事实，感知案例。

【品析小结】

本环节要求学生在感知案例材料后，提出本节课需研究的问题。在此过程中，教师需不断指导学生了解知识的内在联系，引导学生思考问题的角度。在学生提出各种问题后，引导学生最终确定有价值的研究问题。

（三）围绕案例讨论合作，解决问题

【镜头回放】

※ 围绕案例，讨论解决阶段 ※

学生分组，组内合作学习，分析讨论案例。

教师提问如何解决上一环节所提出的问题。

学生讨论后派代表回答。

第一个问题：转基因食品通过基因工程产生。

第二个问题：基因工程的步骤：提取目的基因—目的基因与运载体结合—将目的基因导入受体细胞—目的基因的检测与鉴定。操作需要的工具：基因的剪刀—限制酶、基因的针线—DNA 连接酶，以及基因的运载体—质粒等。

第三个问题：

学生 A：杂交育种根据遗传学的原理进行，而基因工程不是根据遗传学原理进行的。

学生 B：杂交育种是宏观上的操作，而基因工程是微观世界中的操作。

学生 C：杂交育种没有产生新物种，而基因工程可能产生新物种。

学生D：杂交育种结果确定，但过程不受控制。基因工程可以根据人们的意愿进行。

第四个问题：学生懂得联系基因的表达和基因的本质进行回答。

第五个问题：一部分人认为弊大于利，一部分人认为利大于弊。双方都坚持自己的观点并尝试说服对方，所以课堂在一小段时间内演变为一场激烈的辩论赛。

第六个问题：学生结合课本说出了基因工程的应用领域。

【设计意图】

以案例为依托，培养学生的探究精神和合作学习的能力。

【品析小结】

这样的教学模式确实可以很好地激发学生的思维，表达能力也在一定程度上得到锻炼。但在这个阶段，教师除了要引导学生如何遵循正确的思路解决问题外，还应该强调学生合作和探究的精神，适时对学生予以肯定和表扬，增强学生的信心。

4. 评价总结

【镜头回放】

※ 评价教学效果，总结和能力提高阶段 ※

教师分发练习卷，要求学生完成并当堂校对，评价学生在本节课的表现，了解学生对案例教学的想法，让学生就本节教学写简短的心得体会，要求下节课上交。表扬表现突出的同学，特别表扬平时少参与或不参与到集体活动而本次积极参与的同学。

【设计意图】

了解学生对知识的掌握情况。

【品析小结】

该环节的设计既让学生巩固了所学知识，又对学生进行了及时的评价。如果能增加学生的自我评价和学生间的评价就更好了。

四 教学反思与建议

基因工程是现代四大生物工程之一，属于生物研究的热点问题，如果按照传统的方法，仅仅以课本为参考，必然导致学生对知识的机械记忆，不利于开阔学生的思路、发展学生的思维和能力的提高。所以本节课打破原来的教学模式，采用案例教学的方法，重在调动学生的兴趣，引导学生提出本节课所要研究的问题，讨论基因工程应用的利与弊，关注转基因食品和转基因生物的安全性问题。

本节课学习目标明确，能让学生在案例的阅读、思考、分析和讨论中，提高学生分析问题、解决问题的能力。教学过程具有启发性，有些问题属于开放性问题，如“基因工程可能应用的领域”的答案就没有对错之分，旨在启发学生独立自主地去思考、探索问题，培养学生独立思考的能力和解决问题的思维方式，体现学生的主体地位，能让学生在探究过程中培养协作精神。教学思路清晰，教学内容过渡自然，课堂气氛活跃，学生知识掌握的情况达到预期目标。

建议教师在运用案例教学时应注意：①课前要规划好各环节所需要的时间，使整节课前后松紧适度；②案例材料的准备要考虑“精”字原则，做到精而准；③由于课堂开放性强，在怎样引导学生方面要准备充分。

五 课标在线

将合作与探究，案例教学引入课堂

课程改革所倡导的“自主、合作、探究”学习方式，正在成为课堂教学方法的主要形式，课堂教学更加突出学生的主体地位，更加注重实践体验和合作、探究，而案例教学也是一种促进有效教学的教学模式。案例教学是一种通过模拟或者重现现实生活中的一些场景，让学生把自己纳入案例场景，通过讨论或者研讨来进行学习的教学方法。值得新课程背景下的中学生物教师认真揣摩并尝试应用。

六 活动与检测

制作小生态瓶的实验是“生态系统稳定性”一节的实验，很多教师往往只讲不做，或是作为验证性实验，放在课后做。若略做改进，将能改善教学效果。例如，在课前让学生分组，利用身边的材料，选择小型的动植物，制作密闭的生态系统，观察、记录生物生活的情况。一周后，学生们带着自制的生态瓶上课，介绍生态瓶的制作过程和观察结果。教师引导学生分析：生态瓶能在较长时间内不喂食和通氧的理由是什么？为什么有的生态瓶维持时间长，有的则较短呢？学生从生态系统的成分及作用，从能量流动及物质循环的角度分析原因，最终得出结论。

“噬菌体侵染细菌”实验是生物遗传史上一个经典的实验，它不仅充分证明了 DNA 是遗传物质，而且蕴含着科学家独特的科学思维方法和实事求是的科学精神，是进行探究学习的极好案例。仿照上述案例材料，思考如何很好地利用这一实验引导学生进行探究性学习。

七 课外阅读与拓展

1. 郑海荣 .“基因工程及其应用”（第 1 课时）的教学设计与点评 [J]. 新教育，2012（Z2）.

2. 黄军强 . 新课程　新理念　新课堂——如何处理“基因工程及其应用”（第 1 课时）[J]. 科学大众（科学教育），2008（12）.

3. 李明哲 . 学案式合作探究学习在生物教学中的应用研究 [J]. 新课程，2012（12）.

4. 胡四新 . 基因工程及其应用说疑解难 [J]. 中学生数理化（高一版），2010（5）.

5. 书利华教育网 .http://www.shulihua.net.

6. 动植物园 .http://www.cycnet.com.cn.

案例 9 积极利用社区的课程资源

——“群落的结构”案例分析

一 案例背景

本节课是人教版高中生物必修3第四章第三节的内容，是学习“群落的演替”和“生态系统的结构”的基础。因此，“群落的结构”是本章的重点内容之一。它主要介绍了在群落水平上研究的问题、群落的物种组成、群落的种间关系、群落的空间结构等内容。鉴于本节课的内容地位，要让学生正确理解群落的结构及其基本特征，为后面的学习打下一个坚实的基础。同时，本节课的内容也与现实紧密联系，即学生应能够将知识应用于现实生活中，解决实际问题，如应用所学知识设计立体农业等，将知识应用于生活、生产之中。

通过初中的学习，学生对一些基础性的生物知识有了初步的认识，大多数学生认识到生物知识无处不在，生活中处处有生物。而且学生已经了解了“细胞—组织—器官—系统—个体—种群—群落—生态系统—生物圈”这一生命系统的结构层次，这为学生学习本节课的知识打下了基础，也为提高学生解决问题的能力和实践能力创造了条件。

【教学目标】

（一）知识目标

（1）识别群落，说出群落水平上研究的问题；

（2）描述群落的结构特征；

（3）概述种内关系和种间关系的区别。

（二）能力目标

尝试进行土壤中小动物类群丰富度的调查研究。

（三）情感目标

（1）通过种间竞争的学习，认同在学习上既要你追我赶，也要互相帮助，并能在实际生活中体现出来；

（2）通过对群落动态规律的研究，认同合理开发利用生物资源、保护生态平衡的重要意义，从而进一步树立环保意识。

【教学重难点】

（一）教学重点

（1）群落的结构特征；

（2）种间关系。

（二）教学难点

（1）从结构与功能相统一的角度描述群落的结构特征；

（2）表示种间关系图像的辨析；

（3）如何开展物种丰富度的调查。

三 教学过程

教学过程

教学内容	教师活动	学生活动
提出问题，导入课题	同学们都知道学校门前有一个东湖，下面我就来考大家几个生物学概念，请问： （1）东湖里的一条草鱼是一个 ____ ？ （2）东湖里的所有草鱼是一个 ____ ？ （3）东湖里的所有生物应该称为什么呢？	认真思考并回答： （1）个体； （2）种群。
群落的概念和群落水平上研究的问题	结合课前布置学生调查东湖物种的结果开展教学，用图片展示东湖照片，引导学生讨论： （1）根据调查，东湖里有多少个种群？ （2）在池塘中生活的各种种群是否各自独立？如果池塘中草鱼因为某种原因而大量死亡，这个池塘中的其他种群会有什么变化？ （3）假如这个池塘的水干了，很长一段时间没有水进行补充，预测一下在这段时间池塘会有什么变化。 （4）群落水平上，我们研究的问题有哪些？	学生准备好课前已经进行调查的东湖物种情况，提供调查结果：草鱼、鲫鱼、鳙鱼、鲢鱼、水葫芦、大瓢、浮萍、泥鳅、鲶鱼、虾、蟹、水蛇、白鹭、硅藻、栅藻、团藻、绿藻…… 进行合作学习，并展开讨论，解决问题。

（续上表）

教学内容	教师活动	学生活动
群落在物种组成上的特点	展示学校后山部分植物图片，将上学期研究性学习课题《××中学校园植物种类的调查》的调查结果和东湖物种的调查结果进行比较，推进教学： 根据调查，学校后山和教学区已经鉴定登记在册的植物共有176种，最终调查成果编成《××中学植物名录》，同时对后山及校园主要道路边沿的植物进行挂牌标志，方便学生学习辨认。 （1）通过对比，同学们有没有发现不同群落在物种组成上的特点？ （2）学校后山种得最多的就是马尾松，在马尾松上经常可以发现毛毛虫，请问毛毛虫和马尾松是不是同一种群？它们是什么关系？ （3）调查中发现校园后山的玉叶金花总是缠绕在一些植物如潺槁树、雀梅藤、乌柏上，导致这些植物长势不佳，请问玉叶金花和这些植物又是什么关系？ （4）龙眼树与附着在它树皮表面的植物又是什么关系？ （5）除了以上所讲的，物种之间还有没有其他关系？ 通过提供的材料引导学生讨论、分析、总结群落的物种组成，这是区分不同群落的重要特征和物种丰富度的内容；通过举例引导学生理解种间关系，并由此过渡到对群落空间结构的研究。	学生在教师的引导下进行讨论、分析和总结，从课本或参考书中查找资料，讨论、解决问题等。
群落空间结构的研究	通过学生观察后山错落有致的植物覆盖现象提出群落空间结构的垂直结构，分析垂直结构的成因以及这种垂直分布对动物分布造成了什么影响。最后结合教材介绍群落的水平结构。	学生按照设计进行合作学习，相互讨论、解决疑问。

（续上表）

教学内容	教师活动	学生活动
总结和反馈评价	教师总结：通过学习群落的结构，我们知道群落中的各种生物并不是孤立存在的，它们之间有着错综复杂的关系。由物种的组成，种内的互助和斗争，物种间的共生、寄生、捕食、竞争等关系建立起一个复杂的有机整体。 反馈、评价、练习。	学生做好笔记，并进行相关练习。
布置作业	课后以小组为单位，进行土壤中小动物类群丰富度的调查研究。下节课再来交流各组的研究报告。	完成作业。

三 案例评析

（一）引导学生回忆学校附近的生物现象，总体阐述关键词“群落”的生物学定位

【镜头回放】

※ 提出问题，导入课题 ※

教师：同学们都知道学校门前有一个东湖，我来考大家几个生物学概念。东湖里的一条草鱼是一个什么？

学生：个体。

教师：东湖里的所有草鱼是一个什么？

学生：种群。

教师：东湖里的所有生物呢？应该称为什么？

学生思考，进入新课学习。

【设计意图】

以循序渐进的方法，结合学生学过的内容，很自然地引出群落的概念。

【品析小结】

通过一连串的提问引导学生进行个体—种群—群落这条主线的构建，从而引出群落的概念，这样显得水到渠成。

（二）结合本土资源物种的调查情况，引入本节课题研究，突出教学重点

【镜头回放】

※ 群落的概念和群落水平上研究的问题 ※

教师用图片展示东湖照片，引导学生讨论。

（1）根据调查，东湖里有多少个种群?

学生：草鱼、鲫鱼、鳙鱼、鲢鱼、水葫芦、大瓢、浮萍、泥鳅、鲶鱼、虾、蟹、水蛇、白鹭、硅藻、栅藻、团藻、绿藻……

教师纠正并完善学生的回答，同时复习种群的概念界定，并引导深入思考种群间关系，引出种群的概念。

（2）在池塘中生活的各种种群是否各自独立?如果池塘中草鱼因为某种原因而大量死亡，这个池塘中的其他种群会有什么变化?

（3）假如这个池塘的水干了，很长一段时间没有水进行补充，预测一下在这段时间池塘会有什么变化。

（4）群落水平上，我们研究的问题有哪些?

学生进行合作学习，并展开讨论，解决问题。

教师总结群落的概念和群落水平上研究的问题。

【设计意图】

引导学生观察生活中的生物种群，思考种群间有无相互影响，引出群落概念，以及尝试探索群落层面上的相关生物问题。

【品析小结】

充分合理利用学校及周边资源，调动学生的学习积极性，在引导与探索过程中，教师注重及时反馈，对学生的正确思路加以深入引导，对错误思路加以纠正，突出教学重点。

（三）综合校本研究性学习课题的已有成果，深入展开教学，突破教学难点

【镜头回放】

※ 群落在物种组成上的特点 ※

教师展示学校后山部分植物图片，将上学期研究性学习课题《××中学校

园植物种类的调查》的调查结果和东湖物种的调查结果进行比较，推进教学。根据调查，学校后山和教学区已经鉴定登记在册的植物共有176种，最终调查成果编成《××中学植物名录》，同时对后山及校园主要道路边沿的植物进行挂牌标识，方便学生学习辨认。提出问题，引导学生讨论思考。

（1）通过对比，同学们有没有发现不同群落在物种组成上的特点？

（2）学校后山种得最多的就是马尾松，在马尾松上经常可以发现毛毛虫，请问毛毛虫和马尾松是不是同一种群？它们是什么关系？

（3）调查中发现校园后山的玉叶金花总是缠绕在一些植物如潺槁树、雀梅藤、乌桕上，导致这些植物长势不佳，请问玉叶金花和这些植物又是什么关系？

（4）龙眼树与附着在它树皮表面的植物又是什么关系？

（5）除了以上所讲的，物种之间还有没有其他的关系？

学生观察后山错落有致的植物覆盖现象，提出群落空间结构的垂直结构，分析垂直结构的成因以及这种垂直分布对动物分布造成了什么影响。

教师通过提供材料引导学生讨论、分析、总结群落的物种组成，这是区分不同群落的重要特征和物种丰富度的内容；通过举例引导学生理解物种间关系，并由此过渡到对群落空间结构的研究，最后结合教材介绍群落的水平结构。

教师：（总结）通过学习群落的结构，我们知道群落中的各种生物并不是孤立存在的，它们之间有着错综复杂的关系。由物种的组成，种内的互助和斗争，物种间的共生、寄生、捕食、竞争等关系建立起一个复杂的有机整体。

【设计意图】

结合校园及周边的生物群落现象，阐述群落特点、物种间关系及群落的空间结构。

【品析小结】

充分利用本土课程资源进行教学，突破了教学难点。但是在举例讲解物种间关系时，应重点展示一种物种的生理活动对另外一物种造成的影响，而不仅仅是展示两物种的生存状态关系。

四 教学反思与建议

（1）能理论联系实际，充分合理利用学校及周边资源，贴近学生生活开展教学过程，激发了学生的学习兴趣，强化了学生的学习动机，培养了学生的观察力，培养了学生的科研精神和协作精神。

（2）能在教学过程中融入案例教学，有效地与学生互动，调动学生的学习积极性，营造较好的课堂氛围，培养学生分析思考问题的能力，提高课堂的有效性。

（3）能体现以学生为主体的探究性教学理念，充分地挖掘问题，启发学生思考，使学生在探究的过程中，丰富科学探究的情感体验，获得有关群落结构的知识。

建议：第一，在能力目标的达成上还须深化；第二，在备课过程中应充分分析学生的个体差异性，如有的学生思维活跃、适应力强，而有个别学生觉得理解起来有困难，因此教师要注意因材施教。

五 课标在线

积极利用社区的课程资源

社区的课程资源有：社区图书馆、博物馆、展览馆、动植物标本馆、动物园、植物园、少年宫、科技馆、生物科学研究机构、良种站、养殖场、高等院校、环保机构、卫生防疫站、医院、园林绿化部门、环境问题突出或环保先进的企业等单位，社区的动植物资源、公园、菜市场等。农村学校在这方面独具优势，田野、树林、灌丛、草地、池塘、河流等，都为学生学习生物学提供了丰富的自然资源。

利用社区课程资源的方式有多种。从课程重视培养学生的创新精神和实践能力这一目标出发，结合具体教学内容的学习，鼓励学生走出教室，走向自然，走向社会，进行调查研究，是利用社区课程资源的主要方式。此外，请有关专家来校讲演、座谈，观察社区中的动植物，分析社区提供的有关资料等，也是利用社区课程资源的重要方式。

六 活动与检测

让学生走出教室，直接参与到课程资源开发利用的相关社会实践活动中，这样才能使学生了解与生物科学息息相关的当地经济建设、人民生活等方面的知识，让学生懂得学习生物学的重要性，从而提高学习的自觉性，使生物课程突破“以学科为中心”的观念束缚，使生物教学摆脱以“教材为中心”的倾向，最终更好地体现“STS”的教育思想，锻炼学生的技能，激发学生的求知欲望和创新欲望，全面提高学生的生物科学素养。

例如，在学习外来生物品种入侵威胁当地生物多样性的知识时，教师可以通过学校政教处联系农业局等单位的科技人员，到校为学生开展相关讲座，介绍当地生物多样性概况和近年来由于外来生物品种的入侵，对当地生物多样性造成的严重威胁；利用周末时间组织部分学有余力的学生到农田或其他生物群地实地调查，或走访作物种植户，听取他们介绍外来生物品种的入侵对当地的生物多样性的影响，并思考：

（1）上述案例对你有什么启示？

（2）在日常教学中你是否也曾充分利用过身边的课程资源？不妨举例说明一下你是怎么运用的。

（3）你是否认为只有城市地区或重点中学才能开发与利用好课程资源？

七 课外阅读与拓展

1. 高俊英 . 围绕生物学核心概念的教学设计——以“群落的结构”为例 [J]. 中国教师，2012（15）.

2. 张修前 .“群落的结构”两种教学设计的比较研究 [J]. 生物学教学，2011（2）.

3. 朱建军，梁泉宝 . 当前农村学校初中生物学教学的应对策略 [J]. 生物学教学，2012（6）.

4. 赵京秋，毕诗秀 .“生物群落”的教学组织 [J]. 生物学通报，2010（8）.

5. 中学生物天空 .http://www.biosky.cn.

6. 高中生物学课程资源网 .http://bbs.zkpress.com.

案例 10

通过多种途径，进行情感态度与价值观方面的评价

——“保护我们共同的家园”案例分析

一 案例背景

本节课是人教版高中生物必修 3 第六章第二节的内容。在物种及生态系统的内容之后安排生物多样性的内容，有利于学生把学习的知识及时迁移和应用。在必修 2 中，有关遗传的知识、物种形成的知识均为本部分的学习作了铺垫。本节内容分为两大部分：全球性生态环境问题；生物多样性的概念、意义和保护措施。其中第二部分又分为：生物多样性的概念；生物多样性的价值；生物多样性面临的威胁，它是本节内容的重点。

关于全球性生态环境的内容，小学的“自然科学”课程和初中的“生命科学”课程中均有相应的内容，学生对温室效应、臭氧层空洞等地球面临的环境危机已经有相当的了解。所以高中的学生显然不再需要花大量的时间与精力来学习此内容。在学习第二部分生物多样性的概念、生物多样性的价值、生物多样性面临威胁时，学生可能会将生物多样性等同于物种的多样性，所以教师在教学过程中应多加注意。

【教学目标】

（一）知识目标

（1）概述生物多样性保护的意义和措施；

（2）说出可持续发展的含义。

（二）能力目标

进行资料搜集，了解我国利用生物技术保护生物多样性的进展。

（三）情感目标

（1）关注全球性生态环境问题；

（2）形成爱护环境需要从我做起的意识。

【教学重难点】

（1）概述生物多样性保护的意义和措施；

（2）形成环境爱护需要从我做起的意识。

二 教学过程

教学过程

教学内容	教师活动	学生活动
视频导学，激发学生的学习兴趣和动机，引起学生对环境问题的关注	播放《地球之歌》，提出问题：视频中展现了什么生态环境问题？ 教师评价：大家非常准确且全面地说出了视频中展现的生态环境问题，说明同学们非常关心环保，知道了各种生态环境问题。那么，我们应该怎么做呢？这正是我们这节课要解决的问题。	温室效应、乱砍滥伐森林、过度捕杀野生动物、水污染、气体污染、固体与废弃物污染、核泄漏、干旱、洪涝、沙尘暴等。
通过问题训练学生对信息的归纳和整理能力	提出需要解决的问题，联系实际激发学生的环保意识，纠正其错误的观点。 （1）这些环境问题会不会影响我们的生活？ （2）我们个人的行为对这些环境问题的形成有没有影响？ （3）你的日常学习、生活中还有哪些相关的环境问题？ （4）你能对这些环境污染的实例进行归类吗？ 教师评价：同学们的环保观念非常强，语言表达流畅，对信息的提取准确简洁，很好。	个人行为影响环境，如生活污水的排放、生活垃圾的处理、过度放牧、过度采樵、过度捕猎等。这些问题有些是水污染，有些是大气污染，有些是生物多样性受到破坏。
合作学习，交流讨论，得出结论	（1）通过问题引出生物多样性的概念。 （2）通过对问题“为什么保护生物多样性”的讨论，引出生物多样性的价值。 （3）多媒体展示各种图片和案例影片介绍，师生共同分析了解生物多样性的价值。 教师评价：同学们的合作学习很成功，对生物多样性也比较关心，对乱捕滥杀野生动物的行为表现出了强烈的愤慨，这很好。但是大家不能将生物多样性的概念理解为物种多样性。	学生确实将生物多样性的概念理解为物种多样性，除此之外，生物多样性的价值等概念说得非常准确。

（续上表）

教学内容	教师活动	学生活动
直观教学，引导学生大胆想象与创新，体会物种多样性和人类生存的关系	投影相关图片，让学生观察，引导学生讨论： （1）我国采取了哪些措施保护生物的多样性? （2）保护生物多样性，如何协调人与生态环境的关系？ （3）如何处理好保护生物多样性和开发利用资源的关系？ 根据学生的回答引出可持续发展的含义。 教师评价：同学们强烈支持环境保护，且环保基础知识掌握得不错，环境保护的意识及理念相比以前已有很大的进步。但还有部分同学在环保知识方面相对缺乏。没有丰富的理论知识作铺垫，即使有再强的环保热情也终徒劳无用。 最后进行总结和练习。	通过讨论了解保护生物多样性措施的类型及其特点。同时也了解保护生物多样性与合理开发利用并不矛盾，保护就是为了更好地利用。
课后拓展	同学们以小组为单位，课后收集我国利用生物技术保护生物多样性的资料，下节课进行汇报交流。	课后收集相关资料。

三 案例评析

（一）音像资料导学，引起学生对环境问题的关注

【镜头回放】

教师：（播放《地球之歌》，提出问题）视频中展现了什么生态环境问题?

学生：温室效应、乱砍滥伐森林、过度捕杀野生动物、水污染、气体污染、固体与废弃物污染、核泄漏、干旱、洪涝、沙尘暴等。

教师：大家非常准确且全面地说出了视频中展现的生态环境问题，说明同学们非常关心环保，知道了各种生态环境问题。那么，我们应该怎么做呢? 这正是我们这节课要解决的问题。

【设计意图】

通过音像资料引导学生产生地球危机意识，从而诱发学生付诸行动，产生保护地球的想法，引出课题。

【品析小结】

教师通过视频导学，激发学生的学习兴趣和动机，引起学生对环境问题的关注，评价学生对环境问题的关注程度，自然导入新课的学习，达到预期效果。

（二）环环相扣的问题，激发学生的环保意识

【镜头回放】

教师提出需要解决的问题：

（1）这些环境问题会不会影响我们的生活？

（2）我们个人的行为对这些环境问题的形成有没有影响？

（3）你的日常学习、生活中还有哪些相关的环境问题？

（4）你能对这些环境污染的实例进行归类吗？

学生：个人行为影响环境，如生活污水的排放、生活垃圾的处理、过度放牧、过度采樵、过度捕猎等。这些问题有些是水污染，有些是大气污染，有些是生物多样性受到破坏。

教师：同学们的环保观念非常强，语言表达流畅，对信息的提取准确简洁，很好。

【设计意图】

通过问题串训练学生对信息的归纳和整理能力，联系实际激发学生的环保意识，纠正其错误的观点。

【品析小结】

一连串问题的提出与解决，加上及时的评价（如学生对信息的归纳和整理能力、环保意识是否强烈等的评价），提高了学生对信息的归纳和整理能力，激发了学生的环保意识。

（三）小组合作和交流，体验爱护自然、尊重自然规律的情感

【镜头回放】

教师：（通过问题引出生物多样性的概念，同时提出另一问题）为什么要保

护生物多样性?

学生讨论交流。

教师利用多媒体展示各种图片和案例影片介绍。师生共同讨论分析得出生物多样性的价值。

学生部分学生将生物多样性的概念理解为物种多样性。

教师: 同学们的合作学习很成功，对生物多样性也比较关心，对乱捕滥杀野生动物的行为表现出了强烈的愤慨，这很好。但是大家不能将生物多样性的概念理解为物种多样性。

教师讲解生物多样性与物种多样性的区别。

【设计意图】

结合图片、课件的演示来了解生物多样性的价值，培养学生的观察、思考和分析能力。

【品析小结】

在直观教学的基础上，让学生通过合作学习、交流讨论，得出结论，体验爱护自然、尊重自然规律的情感，使学生的主体地位得以凸显，加上及时的评价及纠错，很好地达成教学目标。

(四)大胆想象与创新，体会物种多样性与人类生存的关系

【镜头回放】

教师投影相关图片，让学生观察，引导学生大胆想象与创新，讨论下列问题:

(1)我国采取了哪些措施保护生物的多样性?

(2)保护生物多样性，如何协调人与生态环境的关系?

(3)如何处理好保护生物多样性和开发利用资源的关系?

学生通过讨论了解保护生物多样性措施的类型及其特点。同时也了解保护生物多样性与合理开发利用并不矛盾，保护就是为了更好地利用。

教师根据学生的回答引出可持续发展的定义。

教师: 同学们强烈支持环境保护，且环保基础知识掌握得不错，环境保护的意识及理念相比以前已有很大的进步。但还有部分同学在环保知识方面相对缺乏。没有丰富的理论知识作铺垫，即使有再强的环保热情也终徒劳无益。

最后进行总结和练习、课后拓展。

【设计意图】

通过直观的图片引导学生进行讨论，培养学生的思考能力和归纳能力。通过练习、课后拓展，巩固课内所学的知识。

【品析小结】

通过直观教学引导学生大胆想象与创新，讨论问题，得出保护生物多样性的措施，体会物种多样性和人类生存的关系，教师的及时评价很好地渗透了情感教育。课后拓展题的布置又使得课内知识很好地延伸到了课外，达成教学的技能目标。

四 教学反思与建议

能贴近学生生活实际，调动学生的学习热情，引导学生说出自己的见解；能渗透环保教育，丰富学生的环保基础知识，切实增强学生的环保意识；能有较明确的评价目标，适时对教学过程中反映出来的问题进行处理；教学内容间的衔接紧凑、过渡自然，很好地体现了新课改提出的要强化学生的情感态度与价值观教育的理念。

建议：教师在教学中还可以联系地理、政治、化学等学科中的环境保护知识开展教学。

五 课标在线

通过多种途径，进行情感态度与价值观方面的评价

情感态度与价值观方面的评价，可通过观察学生的行为、调查问卷、访谈、学生自评和同学互评等途径进行。在建立的学生学习情况记录卡、小组合作学习的评价中都应该有情感态度与价值观方面的评价内容。关于情感态度与价值观的评价可以是针对学生个人的，也可以是针对学生集体的。评价结果的表述可以是等级评定，也可以是对被评价者的行为、志趣、态度等的客观描述，甚至还可以是调查结果的统计数据等。

六 活动与检测

所谓表现性评价，是指通过观察被评价者在完成实际任务时的表现来评价其发展现状。表现性评价的设计要点：

（1）列出要考查表现的重要方面，一般控制在 10~15 项之间；

（2）尽可能用可观察、可测量、可量化的被评价者的行为和成果特质作为界定表现的标准；

（3）按行为表现的顺序排列考查内容，以便于观察和判断。

活动：（1）根据上述材料，结合以下“课程标准”及相关“评价建议”，设计一个表现性评价方案。

课程标准：理解个人在环境保护中应具备的态度、责任和行为准则。

评价建议：观察是评价学生情感、态度和价值观的重要方式。要注意观察学生在日常行为和学习活动中的表现，收集评价信息，为进行有针对性的评价提供依据。

（2）展开讨论，提出改进建议；小组交流、互评。

七 课外阅读与拓展

1. 吕琳琳．“保护我们共同的家园”教学设计 [J]. 新课程（上），2012（11）.

2. 邵小洁．视频资源在高中生物教学中的运用——以“保护我们共同的家园”为例 [J]. 中小学电教，2013（Z2）.

3. 张陈阳．情感教育在生物学中的应用 [J]. 才智，2013（22）.

4. 英特尔未来教育辅助教学网站 .http://www.zzqz.org.

5. 新思考网 .http://geo.cersp.com.

6. 昌黎教育网 .http://www.chledu.com.

7. 中国生物课程网 .http://bio.cersp.com.

参考文献

［1］中华人民共和国教育部．全日制义务教育生物课程标准［S］．北京：北京师范大学出版社，2001.

［2］中华人民共和国教育部．普通高中生物课程标准（实验）［S］．北京：人民教育出版社，2003.

［3］中华人民共和国教育部．全日制普通高中生物学教学大纲（实验修订版）［S］. 北京：人民教育出版社，2000.

［4］中华人民共和国教育部．普通高中课程方案（实验）［S］. 北京 : 人民教育出版社，2003.

［5］课程教材研究所生物课程教材研究开发中心 . 义务教育教科书（生物学）［M］. 北京 : 人民教育出版社，2012.

［6］课程教材研究所生物课程教材研究开发中心 . 义务教育教科书教师教学用书（生物学）［M］. 北京 : 人民教育出版社，2012.

［7］课程教材研究所 生物课程教材研究开发中心 . 普通高中课程标准实验教科书（生物学）［M］. 北京 : 人民教育出版社，2004.

［8］课程教材研究所 生物课程教材研究开发中心 . 普通高中课程标准实验教科书教师教学用书（生物学）［M］. 北京 : 人民教育出版社，2004.

［9］胡明，李少毅．全日制义务教育生物课程标准教师读本（修订本）［M］. 武汉：华中师范大学出版社，2003.

［10］生物课程标准研制组．全日制义务教育生物课程标准（实验稿）解读［M］. 北京：北京师范大学出版社，2002.

［11］崔鸿，郑晓惠 . 新理念生物教学论［M］．北京：北京大学出版社，2009.

［12］刘恩山 . 中学生物学教学论［M］．北京：高等教育出版社，2003.

［13］朱正威．我和中学生物科学教育［M］．北京：北京教育出版社，2000.

［14］吴永军．新课程学习方式论［M］．南京：南京师范大学出版社，2005.

［15］胡继飞，郑晓蕙．生物学教育心理学［M］．广州：广东高等教育出版社，2002.

［16］朱慕菊．走进新课程——与课程实施者对话［M］．北京：北京师范大学出版社，2002.

［17］胡中锋．教育测量与评价（第二版）［M］．广州：广东高等教育出版社，2006.

［18］汪忠．新编生物学教学论［M］．上海：华东师范大学出版社，2006.

［19］刘恩山．《普通高中生物课程标准》的设计思路和主要特点［J］．生物学通报，2003（5）．

［20］曹李莉．建构主义在生物教学中的应用［J］．中学生物学，2001（2）．

［21］谭志军，汤卫平．浅谈如何构建中学生物活动课［J］．生物学教学，1999（11）．

［22］王西平．倾听：新课程背景下教师重要的学习指导技能［J］．北京教育（普教版），2006（1）

［23］邢京荣，张新力，赵吉祥．生物课程资源的开发、整合与利用［J］．中国教育技术装备，2006（9）．

［24］夏志华．谈新课程理念下生物学教学技能的变化［J］．当代教育论坛，2005（14）．

［25］王燕春，张咏梅．表现性评定的利弊及启示［J］．教育科学研究，2001（3）．

［26］郑春和．生物学教学中应注意学科间的联系［J］．生物学通报，2004（10）．

［27］中国教育资源服务平台（教育论坛）.http://bbs.cersp.com.

［28］中国生物课程网 .http://bio.cersp.com.

［29］科学网 .http://www.sciencenet.cn.

［30］中国基础教育网 .http://www.cbe21.com.